두 개의 혀

두 개의 혀
한-중 이중언어 어린이 이야기

초판 1쇄 펴낸날 | 2016년 8월 13일
초판 2쇄 펴낸날 | 2017년 2월 20일

지은이 | 변지원
펴낸이 | 김외숙
펴낸곳 | 한국방송통신대학교출판문화원
　　　　주소　서울특별시 종로구 이화장길 54 (03088)
　　　　대표전화　1644-1232
　　　　팩스　(02) 741-4570
　　　　홈페이지　http://press.knou.ac.kr
　　　　출판등록　1982. 6. 7. 제1-491호

출판문화원장 | 이긍희
편집 | 김준영
본문 디자인 | 토틀컴
표지 디자인 | 최원혁

© 변지원, 2016

ISBN　978-89-20-02062-9　93370

책값은 뒤표지에 있습니다.

한-중 이중언어   어린이 이야기

두 개의 혀

변지원 지음

에피스테메
EPISTEME

서문

이 책의 제목을 보면서 독자들은 머릿속에 어떤 아이를 그리게 될 것이다. 이를테면 엄마와 중국어로 말하다가도 학교에 가서는 한국어를 하는, 또는 중국어 책을 보다가 한국어 책을 보는 그런 아이 말이다. 그런데 이 책을 읽어 가면 갈수록 자신이 이미지로 그려낸 어린이와 이 책에서 언급하는 현실 속의 어린이가 너무나 차이가 나고 있음을 알게 될 것이다. 바로 이러한 간극이 이 책을 세상에 불러내었다.

두 가지의 언어를 사용할 수 있는 사람을 이중언어 사용자 또는 이중언어자(bilingual)라고 한다. 이중언어자는 두 가지 언어를 말하고 이해하는 것이나 이런 사람, 두 가지 언어를 사용하거나 두 가지 언어로 표현된 것을 모두 가리키는 단어로서, 영어의 'bilingual'은 원래 라틴어인 bilinguis에서 비롯된 표현이다. 둘을 나타내는 접두사인 bi-와 혀를 의미하는 lingua가 결합된 단어인 것이다. 이 책의 제목이 《두 개의 혀》인 이유 또한 여기에 있다.

한-중 이중언어 어린이에 대해서는 누구도 무엇 하나 똑 부러지게 정의 내릴 수가 없다. 이들의 부모가 한국 국적자인지, 중국 국적자인지, 아니면 또 다른 나라의 국적자인지 경우에 따라 다르다. 어머니가 중국 국적자라 하더라도 한국에 거주하는지 아니면 중국에 거주하는

지, 집에서 아이와 이야기할 때 한국어를 주로 사용하는지 아니면 중국어를 주로 사용하는지, 앞으로 어떤 언어를 상용하는 상급 학교로 진학하기를 원하는지, 아이는 이와 같은 교육 방침에 어느 정도 따라 주는지, 그 와중에 다른 가족들이 사용하는 언어 상황은 어떤지, 주로 대화를 하는 가족 구성원은 누구인지, 그 사람은 어떤 언어를 주로 사용하고 있으며 사이는 어떠한지……. '어머니가 중국 국적'인 경우만 들어도 따져야 할 내용의 가짓수는 상상을 초월한다. 어린이들이 어떤 언어를 더 자주 사용하는지, 학교에서나 가정에서 어떤 언어를 선호하는지도 아이들에게 주어진 상황에 따라 큰 차이를 보인다.

이뿐만이 아니다. 심리적 측면에서 살펴보면 드러나는 양상만이 전부가 아니라는 점을 알게 된다. 아이가 현재 구사하고 있는 언어, 배우고 있는 언어, 마음속으로 좋아하는 언어가 완전히 별개의 것으로 드러나기도 하기 때문이다. 어머니의 등쌀에 못 이겨 조금씩 배우다 보니 어느덧 한국어와 중국어를 유창하게 하는 사람으로 완성이 되어 있는 경우도 있다. 이럴 경우 어머니는 자신의 교육 철학과 방법론에 큰 자부심을 가진다. 어머니가 바라는 방향으로 아이가 자라나서 어머니의 신념에 감사를 표하는 경우도 있지만 아이의 속내는 어머니의 조급함과는 전혀 다를 수도 있다.

민족적이고 집단적 차원에서의 오해 또한 한국 사회가 인식하지 못하고 있지만 엄연히 존재하는 큰 걸림돌 가운데 하나다. 한국 사람들은 우리가 중국의 언어인 중국어를 배우고, 중국 사람들은 한국의 언어인 한국어를 배운다고 생각한다. 이것이 등가라고 믿는 것이다. 하지만 이것은 큰 오산이다. 아직도 중국 사람들의 입장에서는 한국어보다는 조선어를 배우는 것이 일반적이고, 상황에 따라 한국어를 배울 수도 있는 것이다. 재중동포의 입장에서도 조선어와 한국어는 구별 가능한 것이다. 이들은 다른 사람의 말을 들을 때나 자신이 말을 할 때에 매 순간 조선어와 한국어를 구분할 수 있다. 한국어와 조선어 사용에 담겨 있는 심리적 측면을 살펴보면 이 점은 더욱 흥미롭다.

도시와 농촌 지역은 언어 변화 속도에서 큰 차이를 보이는 것이 일반적인 현상이다. 현재 재중동포의 경우, 중국의 동북 지역 내 기존의 집중 거주 지역 차원을 넘어서 한국을 비롯한 해외로, 또는 중국 내의 신흥 도시로 점차 이주하는 경향을 보이고 있다. 이것은 언어 변화의 속도를 가속화시키는 매우 중요한 요인이다. 한-중 이중언어 어린이들에게도 이 변인은 매우 중요한 요소로 작용한다.

어린이는 어떤 언어를 배울까. 어른의 언어 습득 또는 언어 학습과 비교할 때 어린이의 가장 큰 차이점은 자신이 원하는 언어를 배우는 것이 쉽지 않다는 점이다. 대개는 자신이 태어난 곳에서, 더러는 부모의 직장을 따라, 또는 부모의 의지에 의하여 배우는 언어가 결정된다. 이런 점 때문에 어린이가 언어를 배우는 양상은 매우 수동적이라 할 수 있다. 이 점에 있어서는 한-중 이중언어 어린이라고 예외가 될 수 없다.

한-중 이중언어 어린이와 그 부모, 그리고 이들을 둘러싼 환경은 한 가지로 규정될 수 없다. 그럼에도 이들에게는 공통점이 있는데, 그것은 이들이 모두 이중언어 사용자이기 때문에 도처에서 고군분투할 수밖에 없다는 사실이다. 발음이 이상하다고, 정확한 단어를 사용하지 못한다고, 그 어느 쪽 말도 결국은 확실하게 잘하지 못한다고, 자기가 좋아하는 노래나 가수를 옆의 친구들은 전혀 모른다고, 어떤 식이든 이들은 차별 아닌 차별을 겪게 된다. 그런데 이런 어려움을 주변에서는 너무나 몰라 준다. 막상 그 상황이 되어 보기 전에는 그것이 어떠할지 상상하기조차 어렵다. 그저 막연하게 짐작이라도 할 수 있으면 다행이다. 당사자는 고통스러워하고 힘들어하는 부분에 대하여 외부에서는 무지하거나 아니면 도리어 두 가지 언어를 다 잘한다고 부러움을 느끼거나, 복지제도의 수혜자가 된다고 질시하기도 한다. 이러한 상황은 한-중 이중언어 어린이에 대한 오해로 이어지게 된다. 이 점은 결국 한-중 이중언어 어린이와 사회 사이를 분리하고, 서로를 더욱 이해할 수 없도록 만든다.

문제는 이들의 비율이 기하급수적으로 늘고 있다는 점이다. 앞으로 얼마나 더 늘게 될지는 짐작조차 할 수 없다. 한국에서 다문화 가정 학생의 비율은 현재 전체 학생 가운데 2%를 훌쩍 넘어섰다. 보다 적극적인 의미의 한국 내 한-중 이중언어 어린이 비율도 가파르게 성장하고 있다. 벌써 몇 년 전에 한국의 한 출판사 관계자는 국내에서 가장 가파른 성장세를 보이는 곳이 바로 어린이 중국어 교육 관계 분야라며, 1년에 500%가량의 판매 신장세를 기록한 곳도 있었다고 말한 적이 있다. 한국 내에서 중국어 유치원이 성행하고, 중국으로의 조기 유학이 늘어나며, 재중동포 가운데 한국으로 국적을 바꾼 것을 후회하는 비율이 늘어나는 것은 한국 사회가 앞으로 어떤 방향으로 나아가게 될 것인가를 단적으로 보여 주는 일례에 불과하다. 한편, 중국에서 한국어를 가르치는 학교의 숫자는 빠르게 늘지는 않는다. 조선어 학교가 눈에 띌 정도로 줄어들었고, 한국어 학교의 증가는 더디기 때문이다.

1997년의 한국을 기억하는 사람이라면 영어에 대한 맹종이 사회적으로 얼마나 큰 비용을 지불하도록 했는지, 각 개인의 삶을 얼마나 변화시켰는지 어렴풋이나마 짐작하고도 남을 것이다. 바로 이때의 '영어'라는 단어를 '중국어'로 바꾸는 상황을 우리는 곧 직면하게 될지 모른다. 영어 공용화 시대를 넘어 중국어 공용화 시대가 곧 열릴 것이며, 과연 언제부터 시작될지 그 시기만이 문제된다고 보는 시각이 한-중 이중언어 어린이를 둘러싸고 점차 확산되고 있다.

지금은 한-중 이중언어 어린이지만, 한 세대가 지나고 나면 이들이 바로 한국과 중국은 물론, 전 세계를 자유로이 오가는 어른이 될 것이다. 즉, 이들이 바로 세상을 이끌어가는 주역이 된다는 의미다. 지금은 중국어와 우리 아이가 무슨 관계가 있을까 싶은 사람조차도, 이미 상황은 그렇게 호락호락하지 않다는 점을 이 책을 통하여 점차 알게 될 것이다. 오죽하면 이중언어 연구의 대가인 그로장(François Grosjean)은 이중언어에 대한 골 깊은 오해를 '신화'라고 표현하기까지 했을까.

이중언어에 대한 오해를 깨지 않고서는 이 책이 존재할 수 없으며 향후의 논의 또한 의미가 없다. 이런 이유로 이중언어와 관련된 학술적인 부분도 피해 가거나 비켜 가지 않고, 최대한 이 책 속에서 설명하고자 했다. 사회언어학적인 용어들이 계속 나오는 이유도 바로 이 때문이다.

이 책은 원래 재작년에 출간 예정이었으나 개인적인 사정으로 두 해가량 늦어졌다. 지금 생각해 보면 이 2년간의 지연이 얼마나 다행스러운지 모르겠다. 왜냐하면 단 2년 사이에 이중언어에 대한 한국 사회의 인식 자체가 너무도 크게 바뀌었기 때문이다. 이 책은 한국어와 중국어를 동시에 사용하는 한-중 이중언어 어린이에 관한 이야기이지만, 결국 수년 내 우리 사회의 뜨거운 감자가 될 수밖에 없는 주제에 관한 일종의 예고가 될 수 있다. 모를 때에는 막연하고 불안하여 공포심이 일지만, 알고 나면 언제나 더 나은 세계를 다른 사람들과 함께 구상할 수 있다. '이제는 우리 아이에게 중국어를 가르쳐야 할까요', '지금 당장 중국어 가르쳐야 할까요'와 같은 질문은 최근 내가 받은 가장 많은 질문이라 볼 수 있다. 미리 단언컨대, 그 답은 단순한 예 또는 아

니오가 아니다. 그 숱한 질문에 대한 답을 지금부터 이 책에서 풀어
나가 보고자 한다.

아이는 어른의 아버지이다.

2016년 여름
마로니에 공원을 바라보며
변지원

추천사

변지원 교수의 책에 부족하나마 단어를 몇 개 더 얹어 추천사를 쓸 수 있게 되어, 내게는 큰 기쁨이다. 이중언어 교육 분야에서 중요한 책을 출판하게 되어 동료로서 축하의 말을 전한다.

한국의 이중언어 교육 현장에서는 주로 영어 교육에 초점이 맞추어져 왔다. 그러나 다문화 가정, 중국어 또는 일본어를 배경으로 한 인구가 증가하면서 최근 인구통계학적 변화를 보여 줌으로써 이 분야에서는 큰 변화가 일어났을 것이다. 언어와 문화 사이의 복잡한 관계를 고려할 때, 이 분야를 이해하는 것은 매우 중요하다. 변 교수의 연구 덕분에 독자들은 지금이라도 이 분야를 포함하는 포괄적인 연구, 즉 이중언어의 개념화, 이중언어 아이들의 발달과 이들에 대한 교육, 언어와 문화적 정체성뿐만 아니라 이 독특한 학생들에 대한 사회적이고 교육적인 맥락까지도 모두 아우를 수 있게 될 것이다.

변 교수 자신도 다중언어자로서 자신이 지닌 언어적 능력과 연구를 현장에서 제공하고 있다. 미네소타에 방문학자로 와 있는 동안 변 교수는 훌륭한 학자들과 교류하며 교실에서의 탐구를 통하여 자신이 처음으로 몰입교육이라는 것을 경험하면서 이중(/양쪽)언어 교육 영역에서 혜택을 입었다. 미네소타 주는 전통적으로는 스칸디나비아계가 다수를 차지했으나, 최근 동아프리카와 남아시아, 이민자와 다문화 상태로 인구학적 변화를 보이며, 이중언어 교육이 자연스럽게 관찰, 양성되고 개발되고 있는 곳이다. 이곳의 포괄적인 언어 정책은 관용적인 다문화 환경을 조성하고 원주민 언어의 풍요로움을 보존하며 젊은이들의 새 언어 영역을 더욱 풍부하게 하기 위한 노력의 일환으로, 많은 학교에서 이중언어 교육을 채택하고 있다. 나는 태평양 너머 한국에도 이중언어와 문화, 교육에 대한 연구자가 있고 이에 대한 출판이 이루어진다는 사실이 매우 기쁠 따름이다. 한국은 세계화를 통하여 단일언어 사회에서 다문화 환경으로 옮아가고 있는 것이다.

마지막으로, 미네소타대학 Center for Advanced Research on Language Acquisition의 STARTALK 중국어 프로그램 중 변 교수와 함께할 수 있었던 축복받은 동료로서 나는 변 교수의 유창한 중국어는 물론 중국 언어와 이중언어 연구에 대한 통찰력에 매우 감동했음을 밝히고자 한다. 개인적인 측면에서 보면, 현재 미국에서 이중언어를 사용하는 아이를 기르는 부모로서 이 영역을 연구하는 분들을 나는 진심으로 존경한다. 이 분야는 나 자신의 개인적인 분야이기도 하지만 전문가로서의 열정을 갖고 있는 영역이기도 하다. 변지원 교수가 앞으로도 더욱 흥미로운 저작을 내 줄 것을 기대한다.

Yongling Zhang-Gorke(张永龄) 박사
(미국 미네소타 주립대학 공자학원 부원장)

추천사

"To be bicultural is more difficult than to be bilingual."
이중문화 생활을 한다는 것은 이중언어를 구사하는 것보다 어렵다.

30여 년 전, 당시 대학 2학년일 때 원어민 교수에게 배운 이 문장은 아직도 내 머릿속을 떠나지 않고 있다. 우리가 외국어를 공부한다고 하여, 그리고 그 언어를 구사할 줄 안다고 하여 그 문화권의 사람, 혹은 그 언어로 이루어진 법률, 경제, 사회, 언론, 예술 등을 완전히 이해하는 것은 아니라는 의미일 수 있고, 우리가 외국어를 아무리 공부해도 결국 문화생활은 모국어로 하게 되어 있다는 의미일 수도 있다. 한국에서 대학을 졸업한 뒤 유학을 와 미국에서 변호사가 되고 매일 영어로만 생활한 지 20여 년이 지난 지금, 당시 원어민 교수의 선언이 얼마나 타당한지 매일 시험하는 생활을 하고 있구나 하는 생각이 든다. 지금 그 교수님을 다시 본다면 이렇게 말하고 싶다. "To be bilingual is the first step to becoming multicultural." 이중언어의 구사는 다중 문화생활의 첫걸음이다.

오늘날 세계는 빠르게 글로벌화하며 행정, 교육, 비즈니스 등 우리의 생활도 빌 게이츠의 말처럼 이른바 빛의 속도로 바뀌고 있다. 이런 급변하는 환경에서 생존하기 위해 끊임없이 새로운 트렌드를 익히고, 생각하는 힘을 키워야 한다. 그렇지 않으면 뒤쳐지고 마는 것이다. 우리 생활이나 사고에 변혁을 가져오는 새로운 트렌드는 유럽에서 올 수도 있고, 미국에서 일어날 수도 있고, 아시아에서 생겨날 수도 있다. 어디서 새로운 바람이 불어오든 그런 변혁을 가져오는 사람들의 언어를 익히고 있거나 그들의 사고방식을 이해하는 사람이 앞서 갈 것은 분명하다.

《100년 후(Next 100 Years)》라는 베스트셀러의 저자 조지 프리드먼은 유럽과 아시아가 만나는 지역에 위치한 국가가 강대국으로 부상할 것이라고 예견하고 있다. 이미 미국과 역사적인 우호관계를 형성하고 일본, 중국, 러시아와 인접한 한국도 프리드먼의 이론에 비추어 본다면 대단히 유리한 지정학적 위치에 있다. 한국은 세계 문화 교류의 장(marketplace for world cultural exchanges)이면서 세계 평화를 상징하는 나라가 될 수도 있는, 아주 중요한 지정학적인 위치에 있다. 한국에서 성장하는 젊은이들은 어쩌면 이런 막중한 임무를 어깨에 짊어지고 태어났을 수도 있다.

이중언어를 습득하는 사람은 두 가지 이상의 사유 방식을 가졌다고 해도 과언이 아니다. 러시아의 심리학자 비고츠키는 인간의 생각을 '내적 언어(inner speech)'라고 정의한다. 언어를 습득하는 과정에 아이는 그 언어로 표현되는 사유의 과정과 기능을 '내면화(internalization)' 하여 머릿속의 서랍에 차곡차곡 정리해 놓는다. 따라서 서랍에서 꺼낸 생각이 언어로 표현되는 것은 '외적 사유(outer thought)'라고 할 수 있다. 세 살 버릇이 여든까지 간다고 하는 속담처럼 어릴 때 정리해 둔 서랍일수록 성인이 되어서도 선명한 기억과 함께 열어볼 수 있는 장점이 있다. 굳이 비유하면 이중언어 습득의 과정을 거치는 아이는 모국어 하나만 익히는 아이와 달리 머릿속에 두 개의 서랍을 준비해 놓고, 언어뿐만 아니라 그 언어 특유의 사고방식까지 각각의 서랍에 정리해 가고 있는 것이다.

미국에서는 최근 중국어에 대한 관심이 지대해졌다. 과거 프랑스어, 일본어, 독일어, 스페인어 등을 가르친 학교도 여럿 있었지만 이 책에서도 나오듯이 2000년 이후로 미국에 새로 생긴 외국어 프로그램은 중국어가 많으며, 점차 늘고 있다. 유치원부터 중국어를 배운 미국 아이는 곧 이중문화인(bicultural person)이 되고 금방 발전하여 다중문화인(multicultural person)이 된다. 왜냐하면 중국어를 배우면서 금세 아시아에 관심을 가지고 중국에 이웃한 한국, 일본, 인도, 베트남, 홍콩, 대만 같은 나라에도 관심을 확장하기 때문이다.

중국어를 이중언어로 배우는 미국인 아이들은 곧 젓가락을 쓸 줄 알게 되고 음력설(lunar new year)이라는 개념을 이해한다. 아시아 사람에 대한 편견과 아시아 여행에 두려움이 없어진다. 아시아인과의 결혼에 거부감이 없어지고, 아시아에 가서 살아 보고픈 욕구도 생긴다. 정치인이 되면 미국에 거주하는 아시아 이민자를 모아서 후원회를 조직하고 그들의 가려운 곳을 긁어 주는 의정활동도 할 것이다. 이중언어는 정치의 판도도 바꾸어 놓는다. 2016년 현재 미국 대선이 진행 중이지만 공화당의 도널드 트럼프 후보는 "멕시코 정부의 부담으로 미국-멕시코 사이에 담을 쌓겠다"고 공약했다. 반면 민주당의 힐러리 클린턴 후보는 "담 대신 다리를 건설하겠다"고 약속했다. 클린턴 후보는 스페인어에 능통한 팀 케인 상원의원을 부통령 후보로 지목하고, 그로 하여금 미국 내 멕시코 이민자의 표를 규합하고 있다. 이처럼 이중언어는 미국 대통령 선거의 판도마저 바꾸고 있다.

한국은 역사적으로 중국, 일본, 미국, 러시아 등의 나라와 긴밀한 관계를 유지하면서 생존해 왔다. 미국 유학생보다 중국 유학생 수가 더 많아질 정도로 최근 한국에서도 중국과 중국어에 대한 관심이 높아졌다. 특히 중국과의 경제교류를 생각하면 대단히 중요한 변화라고 할 수 있을 것이다. 이런 변화 속에 과연 우리는 제대로 미래를 준비하고 있는지 생각해 볼 문제다.

현재 한국 사회는 인구는 감소하고 있지만 외국인 근로자는 계속 늘어가는 추세이고, 탈북이주민의 숫자도 계속 늘어가고 있다. 미국에서 한국으로 역이민을 가는 사람들도 많아졌고 독일 이민1세들은 한국으로 돌아가서 자신들만의 마을을 만들기도 했다. 이런 사회적인 변화로 말미암아 한국은 현재 다문화 사회를 구성해야 할 절실한 처지에 놓여 있다. 그러나 아직 다문화 사회에 대한 경험이나 이해가 현저히 부족하고, 전문가 숫자도 턱없이 모자라서 한국의 다문화 사회 구성은 극히 소극적인 자세를 면치 못하고 있다. 다문화 가정 가운데 가장 큰 비율을 차지한다는 한국어와 중국어의 이중언어자, 그중에서도 이중언어를 구사하는 어린이에 대한 구체적 연구가 없다는 점은 매우 충격적이다.

다문화 사회 구성을 향한 노력을 하지 않으면 큰 대가를 치러야 한다. 곳곳에서 우경화 성향을 보이고 있는 일본이나, 사회의 분열로 인하여 곳곳에서 몸살을 앓고 있는 유럽의 전철을 한국도 밟지 않는다는 보장이 없다. 전문가 몇 사람만의 힘으로는 다문화 사회를 구성하는 데 역부족이고, 사회구성원 전체가 함께 나서서 노력을 해야 한다. 그러려면 우선 이중언어 교육의 필요성에 대한 대중의 인식부터 바꿔어야 한다. 제대로 된 이중언어 교육이 다문화 사회 구성의 첫걸음이라는 인식을 모두 할 때가 온 것이다.

역사적으로, 사회정책적으로 꼭 필요하지만 아직 연구가 턱없이 부족한 이 분야에 새로운 지평을 열기 위해서 꾸준히 노력해 온 저자의 노력에 한없는 찬사를 보내면서, 계속해서 이 분야에서 정진해 줄 것을 기대한다. 이 책은 이중언어 교육이 다문화 사회 구성에 어떤 긍정적인 영향을 끼치는지에 대해서 모두 함께 생각해 보는 훌륭한 계기를 제공해 줄 뿐 아니라, 이중언어 교육에 종사하는 모든 교육자와 학생에게 탁월한 지침서로 우뚝 설 것임을 확신한다.

우드로 변(Woodrow Byun, 재미변호사,
《한국인을 위한 미국 법률 상식》 저자)

차례

제 1 부

이중언어라는 안개

200명이 넘는 고등학생들 가운데 혹시 이중언어자가 있냐고 물어
보자 그중 단 한 명이 손을 들었다. 두 시간의 강연이 끝나고 똑같
은 질문을 던졌다. 이번에는 한 명도 빠짐없이 자신이 이중언어자
라고 손을 들었다. 일고의 망설임도 없이.

제 1 장

이중언어
어린이에 대한
오해와 신화

01
우리는 이중언어를 너무 모른다

최근 외국어고등학교와 국제고등학교 학생들을 만날 기회가 몇 차례 있었다. 이중언어에 관한 강연 요청을 받은 덕분이었다. 외국어로 특화된 학교의 학생들은 어떤 생각을 하고 있을지 강연 전부터 무척이나 궁금했다. 막상 학생들을 만나 보니, 학교에 따라 외국어 학습 경험이 매우 다른 학생들로 이루어져 있었다. 어떤 학교는 외국에서 생활한 적이 있는 학생이 전체 학생의 절반가량 되었다. 반면 어떤 학교는 외국에서 생활해 본 학생이 거의 없다는 것이다.

외국에서 생활해 본 학생이 많은 학교와 그렇지 못한 학교 양쪽에서 틀림없이 서로 다른 대답이 나오리라 기대하며 질문을 하나 던졌다. 바로 "혹시 여기에 바이링구얼(bilingual), 즉 이중언어자가 있느냐?"라는 질문이었다. 그런데 외국에서 생활한 경험이 있는 학생이 많든 아니든 양 학교 학생들은 이 질문에 모두 흠칫하

> 이중언어자(bilingual)_ 두 종류 혹은 그 이상의 언어나 방언을 사용할 수 있는 사람

며 망설였다. 겨우 한두 명 만이 손을 들었다. 손을 드는 학생 주위에서 "와!" 하는 부러움의 탄성이 간혹 터져 나오기도 했다.

두 시간 정도의 강연이 끝나고 나서 똑같은 질문을 던졌다. 그러자 예외 없이 모두 자신이 이중언어자라고 손을 들었다. 어떻게 그럴 수 있었을까? 아마 이 글을 읽고 있는 독자도 자신은 이중언어자가 아니며, 이중언어자를 본 적도 없다고 생각하고 있을 가능성이 높다. 하지만 이 책을 다 읽고 덮을 때쯤이면 자신이 이중언어자일 뿐만 아니라,

주변에 너무도 많은 이중언어자가 있음에 놀라게 될 것이다. 그때가 되면 이중언어자의 생활을 새로운 시각으로 바라볼 수 있기를 조심스레 기대해 본다. 한–중 이중언어 어린이라는 주제는 쉽지 않아서 독자들 역시 이중언어에 대한 오해가 풀렸을 때에 비로소 받아들일 수 있을 것이다.

최근 대중적으로 이중언어에 대한 상황을 역전시켜 놓은 계기가 된 〈비정상회담〉[1]이라는 TV 프로그램이 있다. 연애나 생활습관 등 이해하기 쉬운 주제를 놓고 여러 나라의 청년들이 한국어로 대화하는 이 프로그램 덕분에 이중언어에 대한 이야기를 하기가 한결 수월해졌다. 한국 사람이 외국어를 배울 때에는 잘 몰랐던 점을, 외국인이 한국어를 사용하면서 역으로 보여 주었기 때문이다. 언뜻 봐서는 한국말을 매우 잘하는 것 같은 외국인도 이야기를 조금 더 들어 보면 혀가 꼬이기도 하고, 한국 사람은 잘 사용하지 않는 수준 높은 단어를 사용하는가 하면 아주 쉬운 표현을 못 알아들어 어리벙벙한 표정을 짓거나 옆사람에게 되묻곤 한다.

우리 주변에는 아직도 이중언어에 대한 무관심과 오해로 아직도 가득 차 있다. 한마디로 짙은 안개에 비유할 수 있을 정도다. 중국을 거쳐 한국으로 밀입국하는 동포를 그린 〈해무〉[2]라는 제목의 영화처럼 말이다. 그런데 이 안개가 걷히기 전에는 한–중 이중언어 어린이에 대하여 제대로 논하기 어렵다. 본인도, 가족도, 주변에서도, 이중언어 자체를 제대로 이해하지 못하는 상태에서는 아무도 원하지 않는 상처를 서로에게 입히고 또 입는다. '우리 식구는, 혹은 우리끼리는 이해한다 쳐도 세상이 우리를 다르게 보지 않느냐' 하는 식의 좌절이 언제나 이들과 함께한다. 이 좌절감 속에서 이상한 독소가 같이 자라난다. 독소의 이름은 '기회주의'로, 상대의 콤플렉스를 교묘하게 이용하여 그다지 건강하지 못한 방향으로 끌고 나가는 못된 주술사만큼이나 심술궂다.

　이중언어를 살펴볼 때에는 사회언어학적인 관점이 도움이 되곤 하는데, 특히 오해를 걷어내는 데 효험이 있다. 20세기 후반부터 본격적으로 연구되기 시작한 사회언어학은 사회학적 방법으로 언어를 연구하는 학문이다. 여기에는 언어 계획이나 언어 교육과 같은 방대한 문제까지도 포함된다. 한국이 언어적으로 중국에 편입될 수도 있을 것인가, 다문화사회가 더 진행되면 한국도 프랑스와 같은 문화 갈등이 빈번하게 생겨나게 될까, 한국에 온 재중동포는 왜 최근에 심각한 사회적 사건 속에 연루되는가 등, 우리를 둘러싼 숱한 사회문제가 의외로 언어와 관련되어 있다. 그렇기 때문에 앞으로 살펴볼 한-중 이중언어 어린이는 그 자체로 이미 한국 사회를 다루는 사회언어학의 주요한 주제 가운데 하나가 된다.

사회언어학(sociolinguistics)_ '사회학(sociology)'과 '언어학(linguistics)'의 합성어. 언어의 사회적인 속성에서 출발하여 사회학적 방법으로 언어를 연구하고 사회적 각도에서 언어의 변종 또는 변천을 설명하는 학문

02
이중언어란

그렇다면 무엇이 이중언어인가? 또한 누가 이중언어자라고 할 수 있는가? 이 책을 시작하려면 이중언어 또는 다중언어에 대한 정의부터 살펴볼 필요가 있다.

이중언어(bilingualism)_ 한 언어 사회의 각종 장소에서 사람들이 두 개 혹은 그 이상의 언어로 의사소통을 하는 현상

다중언어(multilingualism)_ 여러 언어를 개인적으로 혹은 사회에서 사용하는 것을 가리키며 'polyglotism'이라 부르기도 함

두 가지의 언어를 사용할 수 있는 사람을 이중언어 사용자 또는 이중언어자라고 하듯, 세 가지 이상의 언어를 구사할 수 있다면 다중언어 사용자 또는 다중언어자(multilingual)라 부를 수 있을 것이다. 웹스터 사전에서는 'bilingual'을 다음의 두 가지로 정의했다. 첫째, 두 가지 언어를 말하고 이해할 수 있다. 둘째, 두 가지 언어를 사용하거나 두 가지 언어로 표현되었다.

바이링구얼이란 라틴어인 bilinguis에서 비롯된 표현으로, '둘'을 나타내는 접두사인 bi-와 '혀'를 의미하는 lingua가 결합한 단어다. 영어권에서는 1829년부터 이 단어가 사용되었다고 한다. 이중언어 현상은 한 언어 사회의 각종 장소에서 사람들이 두 개 혹은 그 이상의 언어로 의사소통을 하는 현상을 일컫는 말이다. 예를 들어, 홍콩 사람들은 친구랑 광둥어로 수다를 잘 떨다가도 직장 사람이 지나가면 그 사람에게는 영어로 인사를 한다. 자신의 지위와 관련이 있다고 생각하기 때문이다. 그러다가 직장 사람이 가고 나면 친구와 다시 광둥어로 이

야기를 이어간다(游汝杰 外, 2008).

이중언어 사용자는 두 종류 혹은 그 이상의 언어나 방언을 사용할 수 있는 사람을 지칭한다. 언어와 방언을 상하 개념으로 나누기는 하지만 실질적으로는 방언 차이가 언어 차이보다 훨씬 큰 경우도 있다. 프랑스 사람이 이탈리아어나 스페인어를 알아듣는 것보다, 베이징 사람이 광둥(廣東) 지역의 위에(粵)방언을 알아듣는 것이 더 어려울 수도 있다. 이 책에서도 비록 '이중언어'라는 표현을 사용하지만 방언도 엄연히 이중언어에 포함되는 개념이라 보아야 한다. 그렇다면 두 종류 혹은 그 이상의 언어나 방언을 얼마나 잘해야 이중언어 사용자인가?

지금까지는 많은 사람들이 두 가지 언어를 모두 모국어처럼 완벽하게 구사할 수 있는 사람이어야 이중언어자라고 보

> 모국어(mother tongue)_ 사람이 태어나서 처음으로 습득하는 언어

았다. 심지어 블룸필드(Leonard Bloomfield: 1887~1949) 같은 대표적인 언어학자까지도 이러한 태도를 취했다.[3] 그러나 실제로 이 조건을 모두 갖춘 사람은 거의 없다. 왜냐하면 두 가지 언어를 모두 완벽하게 구사하는 것처럼 보이는 사람도, 이들의 언어생활을 가만히 들여다보면 둘 다 모국어처럼 구사하기란 결코 쉽지 않기 때문이다. 이는 어렸을 때부터 이중언어를 배워야만 한다는 이론과 연관된 문제다. 완벽한 이중언어자가 되기 위해서는 반드시 어렸을 때부터 이중언어를 배워야 한다는 것이 전통적인 생각이었다. 그러나 반드시 그렇지만은 않다. 이중언어와 나이의 상관관계, 즉 결정적시기가설에 대한 새로운 연구 결과가 쏟아져 나오는 이유는 현실생활에서 선 긋듯이 여섯 살까지는 가능하고 열

> 결정적시기가설(critical period hypothesis)_ 언어를 배우는 시기가 나이와 연결되어 있다는 가설로, 아직 명확한 결과가 나오지 않아 논쟁 중임

다섯 살부터는 죽어도 안 되는, 그런 것이 아니기 때문이다.

완성된 이중언어라는 신화

　　이중언어 사용자의 언어 구사 능력은 완성된 상태로 지속되는 것이 아니라, 시간에 따라 변화를 보인다. 시간이 흘러가면서 환경이 변화하고, 이들이 주로 사용하는 언어와 상대적으로 덜 사용하는 언어가 바뀌어 가기 때문이다. 덜 사용하면 할수록 언어는 점점 멀어지게 마련이다. 어렸을 때 외국에서 살았던 아이도 이주 등의 이유로 그 언어를 전혀 사용하지 않으면, 조잘조잘거리던 그 언어를 곧 까맣게 잊어버리는 일이 생겨난다. 언어학자들은 이와 같은 현상을 언어 망각이라 부른다. 모국어가 잊혀지는 경우도 있는데,

> 언어 망각(language forgetting)_ 이민이나 가족과의 이별 등 극단적 언어 환경 변화로 자신이 사용하던 언어를 잃어버리는 현상, 'language loss' 또는 'language attrition'으로 표현하기도 함

이때에는 언어 마모(language erosion)라는 표현을 사용하기도 한다. 이는 결코 보기 드문 현상이 아니다. 대표적인 이중언어 연구가인 그로장(François Grosjean: 1946~)은 이중언어와 이중언어자에 대한 학술적인 이야기를 쉽게 전달해 준다. 그는 사람들이 이중언어를 대할 때 흔히 보이는 현상을 신화라 부르며 다음과 같이 거론했다(Grosjean, 2012).

- 이중언어는 흔하지 않은 현상이다.
- 이중언어자는 매일 두 가지의 다른 언어를 사용한다.
- 이중언어자는 귀찮으면 다른 언어로 바꾼다.
- 이중언어자는 어렸을 때 두 가지(혹은 그 이상) 언어를 배운다.

- 이중언어자가 되면 자아가 분열되기 쉽다.
- 이중언어자들은 감정표현만은 모국어로 한다.
- 이중언어자는 다문화자이다.
- 집과 학교에서 사용하는 언어가 다른 이중언어자의 경우, 학교에서 사용하는 언어를 집에서도 사용하게 해 주는 것이 좋다.

이런 신화가 모두 현실과 맞을까? 단적으로 말하자면 이중언어는 세계적으로 흔한 현상으로, 세상에는 이중언어자가 드글드글하다. 이중언어자를 어떻게 정의하느냐에 따라 기준점이 달라지기 때문에 학자들마다 제시하는 비율에는 차이가 있다. 유럽 사람 절반 이상이 이중언어자라고 보기도 하고(Grosjean, 2012), 전 세계적으로 절반 이상의 비율이 이중언어자라고 보기도 한다(Richards et al., 2008). 우리가 이중언어에 편견을 갖고 있어서 주변의 이중언어자들은 물론, 자신의 이중언어 상황에 대하여도 스스로 깨닫지 못하고 있을 뿐이다. 이중언어자는 서로 다른 언어를 공평하게 매일매일 사용하지 않는다. 대부분은 그럴 처지가 못 되기 때문이다. 어떤 언어는 하도 오랫동안 쓰지 않아서 자동으로 폐기 처분될 수도 있다.

이중언어자 또한 자신이 귀찮을 때에 다른 언어로 도피하는 것이 아니다. 언어의 사회적 기능 가운데 가장 중요한 것은 역시 의사소통이다. 이중언어자도 상대에게 더 설득력 있는 단어와 표현을 찾고자 한다. 의사소통을

> 의사소통능력(communicative competence)_ 사회생활 속의 여러 환경에서 언어를 운용할 줄 아는 능력

위해서라면 상황이 어렵다고 해서 상대방은 알아듣지도 못할 단어를 자기 마음대로 써 가며 피해서는 될 일이 아니다. 오히려 정신을 바짝 차리고 상대의 언어에 초점을 맞춘다.

어려서부터 이중언어자

　　그로장이 거론한 신화를 좀 더 살펴보자. 사람들은 어릴 때부터 다른 언어를 배워야 '진정한' 이중언어자가 될 수 있다고 생각한다. 이중언어는 과연 나이가 어릴 때부터 둘 이상의 언어를 배워야 완성될 수 있을까? 답은 '아니다'. 나이와 전혀 상관이 없는 것은 아니지만, 나이가 절대적인 요소는 되지 않는다.

　　그렇다면 이중언어자는 자아가 분열될까? 그렇지 않다. 서로 다른 언어를 사용하기 때문에 자아가 분열될 것이라는 이야기 역시 일종의 오해로 볼 수 있을 것이다. 그로장은 이 문제를 거론하면서 로이터 통신에서 보도한 "연구: 언어를 바꾸면 인격 역시 바뀌어"라는 기사 한 꼭지를 인용했다. 제목만 볼 때에는 신문의 한 면을 장식하여 사람들의 주목을 끌기에 충분한 주제임에 틀림없다.

　　하지만 로이터 통신에서 말한 대로 똑같은 사람도 영어를 쓸 때보다 프랑스어를 쓸 때 과연 더 공격적으로 변할까? 이 보도가 과연 사실인지 확인하기는 어렵다. 영어와 프랑스어를 자유자재로 구사하는 사람을 찾아 일일이 확인할 수도 없는 노릇이다. 다만 일례로 조셉 콘래드(Joseph Conrad: 1857~1924)와 같은 작가를 들어 보자. 그는 영어로도 프랑스어로도 글을 썼지만 과연 영어로 쓸 때 덜 공격적이었는지 알 수 없다. 그가 멋진 글을 썼다는 사실은 널리 알려져 있지만 언어를 바꾸어 가며 썼기 때문에 언어에 따라 그의 성향에 특별한 변화가 있었다는 점은 알려진 바가 없다.[4]

이중언어자의 감정 표현에 모국어가 확실히 많이 작용하는 것은 사실이다. 하지만 완전하게 모국어만이 지배하는 것도 아니다. 예를 들어, 중국에 거주하는 재중동포 가운데 이중언어자는 화를 낼 때 어떤 언어로 말하는가? 오성애(2012)는 재중동포의 언어 사용과 관련된 설문을 진행하면서 "화가 났을 때 ＿＿＿을 주로 사용한다"라는 문항을 넣었다. 그 결과 모국어라고 대답한 비율이 높기는 했지만 압도적으로 높은 것도 아님을 보여 주었다. 또 다른 매우 흥미로운 사실은 화가 났을 때에 사용하는 언어의 비율(조선어 57.8%, 중국어 32.8%)과, 숫자를 말할 때 사용하는 언어의 비율(조선어 33.8%, 중국어 60.6%)이 다른 양상을 보였다는 것이다. 숫자는 감정 표현과는 매우 동떨어진 것인데, 특히 응답자의 절반 이상이 이미 조선어와 중국어를 섞어 사용하는 이중언어자라는 점을 감안한다면 이 점은 짚고 넘어갈 가치가 있다. 그 사람 자체보다는 주어진 환경이나 맥락이 큰 변수 역할을 한 것으로 보아야 할 것이다.

이중언어자는 반드시 이중문화자(bicultural) 또는 다문화자일 것이라는 생각 역시 다시 고려해야 한다. 물론 이중언어자라면 둘 이상의 문화를 동시에 이해할 가능성이 크다. 하지만 이중언어자는 여기 갔다가 저기 갔다가 하

> 다문화자(multicultural)_ 몇 가지의 다른 문화 또는 다른 문화 요소와 관련이 있거나 이를 나타내는 자

는 사람이 아니다. 두 가지 언어, 심지어 여러 가지 언어를 사용할 수 있는 사람이라 하더라도 그 사람이 뿌리 내리고 있는 현실 생활은 두 문화를 지그재그로 오가는 것이 아닌, 어느 한 문화에 속해 있는 경우가 대부분이기 때문이다.

이중언어자 어린이가 집과 학교에서 사용하는 언어가 다른 경우, 부모나 가족 구성원은 이 어린이가 학교에서 사용하는 언어를 집에서

도 사용할 필요가 있을까. 이것이 어린이의 성장 과정에 큰 역할을 할 수 있을까. 그로장은 전혀 그럴 필요가 없다고 말한다. 그러나 여기에는 단서가 필요하다. 이론만 다루다 보면 때로는 현실 속에서 통하지 않을 수 있는데, 특히 그로장과 같이 영어와 프랑스어 같은 전 지구적으로 힘이 센 언어만 구사해도 아무런 문제가 없는 사람은 절대 이해할 수 없는 무엇인가가 틀림없이 존재한다. 따라서 그로장이 이것을 신화라고 한 점은 이해하나 세상에는 분명 힘이 센 언어가 있고, 아무리 나이가 어린 아이라 해도 언어 간의 역학 관계를 충분히 눈치 채고도 남는다. 한-중 이중언어 어린이에 대한 이 책의 논의는 바로 이 지점에서 일반적인─특히 서구 선진국들에서 나온─이중언어 개론과 차별될 것이다.

05

이중언어자의 언어 기능 불균형

들기, 말하기, 읽기, 쓰기를 한국에서는 네 가지 '언어 기능' 또는 '언어 능력'이라 부른다. 한국어에서는 언어 기능과 언어 능력으로 나눠 부르니 대단한 차이가 나는 것처럼 들리는 두 가지 용어가 되었지만, 이는 모두 영어의 'language skills'를 번역한 것이다. 일반적으로 한국어에서는 선천적으로 타고나는 경우에도 '능력'이라는 단어가 더러 사용된다. 무엇보다 누구에게나 생전 들어보지 못한 말도 만들어 낼 수 있는 능력이 내재한다는 의미로

> 언어 기능(language skills)_ 언어로 의사소통하기 위하여 익혀야 하는 요소로, 한국어에서 이를 '언어 능력'이라 번역하는 경우도 있음

> 언어 능력_ '언어 기능' 참조. 이 때에는 어느 언어를 배워서 할 수 있다고 할 때의 '언어 능력(language ability)'과는 구별됨

촘스키(Noam Chomsky: 1928~)가 지칭한 이후, 언어학에서 주요한 개념이 되어 버린 'linguistic competence'도 한국어로는 '언어 능력'으로 종종 번역되고 있다. 이러한 이유로 이 책에서는 듣기, 말하기, 읽기, 쓰기를 네 가지 '언어 기능'이라 부르도록 하겠다.

언어 기능은 언어 교육과 평가에 매우 중요한 요소이자 항목이다. 그런데 이중언어 사용자는 두 언어의 네 가지 언어 기능 사이에서 불균형 상태를 보이는 경우가 대부분이다. 이를테면 일본에서 20년 넘게 근무한 위안(苑) 박사는 중국어와 일본어를 사용하는 이중언어 사용자다. 중국어는 박사 자신의 모국어로서 대학을 졸업할 때까지 사용했다. 일본에 유학한 후 본격적인 직업도 일본에서 갖게 되어, 지금

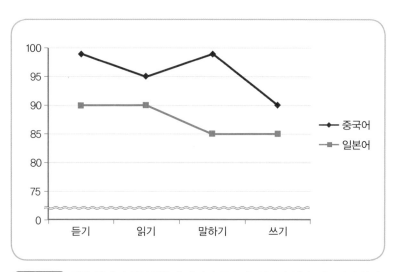

그림 1-1 위안 박사의 일상생활 속에서의 중국어-일본어 언어 기능별 유창성

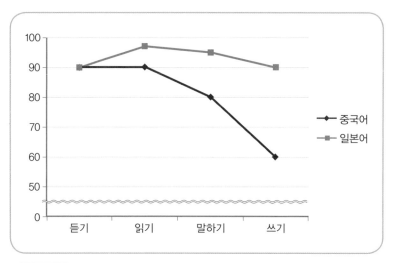

그림 1-2 위안 박사의 학술 영역에서의 중국어-일본어 언어 기능별 유창성

* 이 수치는 주관적인 것으로, 당사자에게 이를 이해시키기 위해서 수차례 메일을 주고받았다. 수치는 당사자가 답한 것과 학술발표에서 선호하는 언어 등을 종합하여 부여한 것이다.

은 일본어를 더 자주 사용한다. 물론 위안 박사는 베이징 토박이라서 중국어로 사람들과 이야기하는 것을 매우 즐긴다. 그렇지만 지금은 강의나 글쓰기에 오히려 일본어가 중국어보다 훨씬 자연스럽고 편하다는 것이다. 중국어로 글을 쓰려고 하면 일본어로 쓰는 것보다 오히려 시간이 더 오래 걸린다.

위안 박사처럼 A와 B 언어를 사용하는 이중언어 사용자의 경우, A 언어로는 말하기와 듣기를 주로 잘하고 B 언어로는 상대적으로 읽기와 쓰기를 잘할 수도 있다. 한 언어 내에서도 이와 같은 차이가 있을 수 있다. 한국의 성인은 영어로 읽기는 잘하는데 말하기나 듣기, 쓰기에서는 어려움을 보이는 것으로 알려져 있다. 이것을 두고 한국인의 영어 교육이 잘못되었다고 비판을 하는 경우가 많지만, 이는 한국의 영어 교육이 학술적 언어(academic language) 교육에 방점을 두어 왔기 때문이다. 학교나 각종 시험, 교재 등에서는 당연히 이 학술적 언어를 사용하며, 이는 일상생활 속에서 사용하는 언어와는 확연히 차이가 나는 것이다. 이중언어에 대한 이해가 새로워지면 이것이 결코 비난할 거리가 될 수 없음을 알 수 있다.

제 2 장

이중언어라는 과정

漢 兩

01

이중언어라는 흔한 오해 깨기

안개 속에서는 바로 앞에 있는 사물이나 자기 자신을 둘러싸고 있는 환경을 제대로 파악하기가 어렵다. 이중언어에 대하여 안개라는 비유를 사용하는 이유도 바로 여기에 있다. 그런데 단순하게 알지 못하는 차원을 넘어, 오해를 하는 경우도 있다. 아이는 중국어를 전혀 할 줄 모르는데, 단지 어머니가 중국에서 왔다는 사실 때문에 주변 사람들이 아이에게 "중국어 한번 해 봐"라고 그냥 툭 말을 던진다. 이 말에 당사자와 가족은 상처를 입는다. 이럴 때 어떻게 하면 좋겠냐는 문의가 의외로 적지 않다.

중국어 교육으로 지명도가 높은 송지현 교수도 그런 예라고 할 수 있다. 송 교수의 부친은 한국의 중어중문학과 사람들이라면 모르는 사람이 거의 없을, '송재록 중국어'로 유명한 바로 그 송재록 교수이다. 한국에 중국어 교재라는 개념 자체가 없었던 시절에 송재록 중국어는 유일무이한 중국어 교본이나 다름없었다. 부전자전이랄까, 송지현 교수 역시 중국어 실력이 남다르다. 어떻게 중국어를 그렇게 잘할 수 있는지 그 배경에 대하여 송지현 교수에게 인터뷰를 청할 기회가 있었다. 필자는 내심 어렸을 때부터 잘했겠지 하는 생각으로 그러한 답변을 은근히 기대했다.

많은 사람이 송지현 교수의 중국어 실력은 부친의 대만 유학 시절에 자연스럽게 쌓인 것이라고 생각한다. 필자 역시 오랫동안 송 교수를 알고 지내면서 막연히 이런 생각을 하는 사람 중 하나였다. 그런데 정작 본인에게 답을 들으니, 어린 시절의 중국어는 귀국과 동시에 모두 잊어버렸다고 한다. 대만에 거주했을 때에는 중국어를 곧잘 한 것도 같은데, 한국에서 중고등학교를 다녔던 시기에는 할 줄 아는 중국어가 하나도 머리에 남아 있지 않았다는 것이다.

송 교수는 이후 대학 진학을 고민하고, 중국어를 선택하면서 다시 처음부터 이 길을 다져 갔다. 대학생이 되어 다시 간 대만에서 사람들이 하는 이야기를 알아들을 수 있게 되기까지는 온전히 1년이라는 기간이 필요했다. 그 이후에도 꾸준히 중국어를 배웠지만, 어릴 때부터 배운 이중언어자이기 때문에 중국어를 하는 데에 크게 유리했을 것이라는 색안경을 끼고 보는 사람이 많았다고 한다. 필자도 그중 하나였다. 이러한 경험 때문에 송지현 교수는 자신의 두 아이들에게도 중국어를 강요하지 않는다. 대신 중국어에 자연스럽게 노출될 수 있는 환경을 최대한 만들어 주려고 노력할 따름이다.

이병기(남, 47, 가명)는 중국에서 사업을 하다 한국으로 귀국한 지 꼭 5년이 된다. 중국에서 10여 년을 거주하는 동안 두 딸이 태어났다. 주변에서는 아이들이 중국어를 잘하니 좋겠다고 하지만, 정작 사정이 그렇지만은 않다. 무엇보다 아버지로서 두 딸의 이중언어 상태가 너무나 딴판인 것이 이해하기도 어려울뿐더러, 아이들 역시 혼란을 겪고 있기 때문이다. 현재 중학교 3학년인 맏딸은 한국으로 들어오기 직전까지 중국에 있는 대만계 국제학교를 다녔다. 한국에 귀국해서도 계속 중국어를 배우고 싶다고 하여 중국어 학습지와 학원을 병행하도록 했다. 때마침 맏딸이 진학한 중학교에서도 중국어가 제2외국어여서, 아이가 중국어 공부에 더욱 매진하고 있다고 한다. 반면에 귀국하자마자 초등학교 1학년으로 들어간 둘째 딸은 중국어라면 질색한다. 한국으로 귀국하기 전까지 둘째 딸은 한국 학교의 부설 유치원에 다녔다. 학업 지속이라는 측면에서 이 가정의 첫째와 둘째의 차이는 직전 학교의 교육 과정이 연장된 것으로 보인다.

　그런데 부모 입장에서는 예상에서 크게 빗나가 버려서 겉으로 드러나지 않는 어려움이 있다. 첫째 딸은 국어, 즉 한국어 과목을 사실상 포기한 상태라고 한다. 이뿐만이 아니다. 중국에서 다녔던 국제학교는 영어와 중국어를 정확하게 절반씩 사용하도록 한 학교였기 때문에 이론적으로는 중국어 못지않게 영어에도 지속적인 관심을 보여야 하는데 실제로는 그렇지 않다는 것이다. 한편으로 둘째 딸은 언니보다 자신이 한국어 쓰기를 더 잘할 수 있다는 점에 큰 자부심을 갖고 있으며 한국 학교에서 성적도 뛰어나다고 한다. 이처럼 개인의 이중언어 상태는 함께한 부모도 예측하기 어려울 정도로 다양한 양상을 보인다.

이중언어와 나이의 상관 관계

앞에서 이중언어자에 관한 신화를 언급하면서 "과연 어렸을 때부터 둘 이상의 언어를 배워야만 완성될 수 있을까?"라는 질문에 아니라고 짧게 대답했다. 이 문제에는 우리에게 이미 널리 알려져 있는 사람들이 강렬한 메시지를 남겨 주고 있다.

2012년에 중국 작가인 모옌(莫言: 1955~)이 노벨문학상을 받았다. 그런데 이때 중국의 많은 매체에서는 중국 최초의 노벨문학상이라는 보도를 망설였다. 2000년에 이미 가오싱젠(高行健: 1940~)이 노벨문학상을 받았기 때문이다. 내면에 대한 깊은 통찰력과 아름다운 문체로 유명한 가오싱젠은 노벨상 수상 당시에 중국 국적이 아니라 프랑스 국적이었다. 이런 이유로 중국인으로 치자면 두 번째, 중국이라는 국가로 치자면 첫 번째인 모옌의 노벨상 수상은 중국인 노벨문학상 수상자로서 첫째도 아니고 둘째도 아닌 어정쩡한 상황에 처하게 되었다.

그렇다면 가오싱젠의 작품은 프랑스어로 쓰였는가? 가오싱젠은 애당초 프랑스어가 아닌 중국어로 이 소설을 썼다.[5] 그는 비록 정치적 망명으로 몸은 프랑스에 있지만, 중국인의 언어를 그대로 유지하고 있다. 중국에서 대학까지 졸업한 가오싱젠은 대학 때부터 프랑스어를 본격적으로 배웠다. 그렇다면 그의 이러한 창작 과정은 어려서부터 이중언어를 배우지 않았기 때문이라 할 수 있는 것인가. 아마 많은 사람들이 그렇게 생각할 수 있을 것이다.

다른 예로 영국 작가로 널리 알려져 있는 조셉 콘래드를 생각해 보

자. 콘래드는 폴란드 출신이지만 정작 폴란드어로는 기억에 남을 만한 글을 남기지 않았다. 그는 열다섯 살 이후 프랑스로 건너가 그곳에서 교육을 받았던 관계로, 영국 작가로 가장 잘 알려져 있는 동시에 프랑스어를 영어 속에 맛깔나게 구현하는 작가로도 정평이 나 있다. 거의 서른이 되어서야 영국 사람이 된 폴란드 출신의 프랑스 경유 영국 작가인 그는, 어렸을 때부터 이중언어를 배우지 않으면 이중언어자가 될 수 없다는 편견에 결정적인 펀치를 날리는 예다.

미국 작가로 이미 명성이 나 있지만, 이제는 이탈리아 작가로도 널리 알려진 줌파 라히리(Jhumpa Lahiri: 1967~) 또한 경이로운 별종에 속한다. 라히리는 영국 출생이지만 부모가 모두 벵골어를 구사하여 그의 모국어는 벵골어다. 라히리는 성인이 되어 작가로서 미국에서 성공을 거두었다. 그러다가 순전히 개인적 열망 하나만으로 포켓용 사전 하나를 갖고 실수를 연발하며 이탈리아어를 배우기 시작했다. 주로 미국에서 혼자 익히다 보니 배우는 속도는 느릿느릿 했지만, 그로부터 약 20년이 흐른 후 이탈리아어 작가로 다시 한 번 문단에 우뚝 서게 되었다.

한국 사람들에게 널리 알려진 이중언어자 가운데 장하준 교수가 있다. 그의 명저로 알려진 《사다리 걷어차기》는 그 자신이 쓴 적이 없다. 그는 어디까지나 영어로 *Kicking away the ladder*를 썼고, 이것이 한국어로 번역되었을 뿐이다. 장 교수는 한국에서 대학을 졸업하고 영국으로 유학을 떠났다. 어린 시절부터 영어를 본격적으로 배운 사람으로 보기는 어렵다. 하지만 장 교수가 지금도 한국 매체와 한국어로 인터뷰하며 동시에 영국에서 영어로 강의하고 경제학 저작을 저술하는 한, 한국어 실력도 영어 실력도 뒤쳐짐이 없는, 말하자면 둘 사이에 의심의 여지가 없는 이중언어자임에 틀림이 없다.

그럼에도 나이의 중요성을 강하게 주장하는 사람들이 반드시 드는 예가 하나 있다. 바로 지니(Genie, 1957~)다. 지니는 미국 캘리포니아에서 아버지에게 학대를 받아 열두 살까지 철저하게 사회와 격리되어 있다가 발견 후에도 결국 또래의 언어 수준에 도달

언어 접촉(language contact)_ 둘 이상의 언어 또는 방언이 상호 교류하는 것

하지 못했다. 그런데 지니를 통하여 언어 습득과 나이의 상관관계를 맺는 것은 지나치게 극단적인 예다. 언어는 접촉의 산물이다. 때문에 사람 사이에 접촉이 없다면 소통의 필요가 없으며, 언어 자체도 필요 없다. 비록 언어를 배울 때 나이가 얼마나 중요한지를 보여 주는 단적인 예로 널리 알려졌을지언정, 제대로 걷는 것조차 어려워했던 지니가 과연 '습득하지 못한 것이 언어뿐이었는가'라는 질문도 던져 볼 수 있을 것이다.[6]

시간에 따라 변화하는 이중언어의 양상

문득 '외국어 공부 한번 해 봐야지'라는 생각은 누구든 한다. 죽기 전에 반드시 해야 할 100가지 유의 지침서에 등장하는 단골 메뉴 가운데 하나 역시 "외국어 공부하기"다. 외국어를 잘하는 사람에 대한 동경, 외국어를 하나도 못할 때 느끼는 자기 불만족, 외국어를 잘하고 싶다는 막연한 욕심은 사람이라면 누구든 지니고 있다. 그런데 이중언어 상태란 한 번 입력되면 절대 변하지 않는 것이 아니다. 이중언어 상태는 시시각각 바뀌고 있음을 인지할 수 있어야 한다. 한 사람의 이중언어 사용 패턴 역시 시간이 지나면서 변화하기 마련이다.

그로장은 언어를 사용하는 빈도 (frequency)와 언어 유창성(fluency)을 두 축으로 하는 개인의 언어 상황표를

> 언어 유창성(fluency, language proficiency)_ 습득한 언어를 발화 또는 수행할 수 있는 개인의 능력

통하여 한 개인의 언어적인 통시 변화를 보여 주었는데(Grosjean, 2012), 이 도표는 우리가 사용하는 언어의 상황이 시간에 따라 얼마나 드라마틱하게 변화하는지 보여 주는 데에 유용하다. 이 방법을 한국의 한 고등학생에게 적용해 보았다.

현재 고등학생인 윤우는 프랑스에서 태어나 그곳에서 유년 시절을 보냈다. 한국의 유치원에 해당하는 에꼴 마떼넬(école maternelle)을 2세 때부터 다녔기 때문에 4세 때에는 프랑스어에 노출되는 시간이 한국어에 노출되는 시간보다 길었다. 보모는 프랑스어를 일상적으로 사용하는 알제리계 여성이었기 때문에 집에서도 프랑스어를 접할 수

그림 2-1 윤우의 언어 상황표(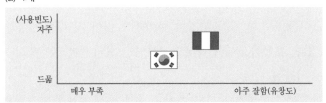:한국 ▮▮:프랑스 ▤▤:미국 ▨▨:중국)

(a) 4세

(b) 8세

(c) 12세

(d) 14세

(e) 16세

있었고, 한국인인 부모는 아이에게 한국어로 주로 이야기했기 때문에 부모로부터는 한국어를 주로 습득했다. 4세 때 한국으로 들어온 이후 프랑스어를 지속할 만한 환경이 주어지지 않아 더 이상 사용할 기회가 없었다. 초등학교에 입학하면서부터는 방과후학교 등에서 영어를 배우기 시작했다.

중학교에 입학한 다음부터 영어를 교과 과정 속에서 본격적으로 배웠다. 방과후활동 등으로 영어책 읽기 활동도 병행했다. 중학교 1학년 중간에 미국으로 건너가 1년간 머무르면서 현지 학교에 다녔다. 이때에는 학교에서 지내거나 영어로 과제를 수행하는 시간이 가장 길었으며, 한국어를 접하거나 한국어로 대화할 기회는 적었다. 미국의 학교에서 외국어 과목으로 중국어를 선택하고 있었기 때문에 미국에 머무르는 동안 중국어가 새로운 언어로 추가되었다. 지금은 한국으로 돌아와 고등학교 생활을 하고 있다. 한국어는 다시금 가장 자주 사용하고, 가장 잘할 수 있는 언어가 되었다. 언어의 최상위 지위를 탈환한 셈이다. 윤우의 한국 학교에서도 중국어를 제2외국어로 채택하고 있어, 일주일에 두 시간씩 중국어를 배우고 있다. 친구들과 중국어 UCC도 제작할 정도로 중국어에 조금씩 자신감이 생겼다고 한다.

여러 개의 도표를 전체적으로 보았을 때 특이한 점은 4세 윤우에게서 가장 우위를 점했던 프랑스어가 그 이후에는 아예 사라져서 나타나지 않는다는 점이다. 현재 프랑스어는 노랫말 몇 가지만 겨우 떠올릴 뿐, 기억하는 것이 거의 없다. 또 한 가지 주목할 만한 점은 윤우의 모국어인 한국어의 위치가 도표 속에서 계속 변화한다는 사실이다. 외국어뿐만 아니라 모국어도 결코 가만히 있어 주지를 않는다. 만약 윤우가 이 도표를 이후에도 계속 작성해 본다면, 자신이 얼마나 스펙터클한 인생을 살고 있는지를 알게 될 것이다. 적어도 언어와 관련해서는 말이다. 앞의 각 도표에서 볼 수 있듯이, 겨우 12년이라는 시간을 살펴보았을 뿐이지만 이들의 위치가 시기에 따라 어떻게 변화할지는 여전히 미지수다.

이 도표를 강연 도중 한국의 고등학생들에게 그려 보라고 한 적이 있는데, 학생들은 자신의 언어 상황표를 그려 보고는 신기하다는 표정을 짓곤 했다. 다른 친구의 표에도 관심을 보였다. 자신이 이중언어자였음을 발견하는 첫 걸음을 뗀 셈이다.

04
한국어와 중국어 섞어 사용하기

　한-중 이중언어 어린이는 중국어와 한국어를 섞어 사용하기도 한다. 그 이유는 이들이 한국어와 중국어를 사용하기 때문에 나오는 특수성 때문이 아니다. 흔히 한국어에 한자어가 많이 섞여 있기 때문에 한-중 이중언어 어린이에게 특별한 영향을 미칠 수 있을 것으로 기대하지만 의외로 이와 관련한 특별한 연구 결과는 나와 있지 않다. 한국어와 중국어를 섞어 사용하는 것을, 한글과 한자를 섞어 사용하는 것으로 해석하는 연구 결과는 나와 있다. 그렇다면 한-중 이중언어 어린이는 한국어 읽기와 중국어 읽기, 또는 둘을 섞어 놓은 경우, 어느 것을 더 빠르게 읽을 수 있을까. 그리고 어떤 경우에 더 명쾌하게 이해할까.

　재중동포 가운데 10세 한-중 이중언어 어린이에 대한 연구(윤혜경·박혜원·권오식, 2009)에서는 이들이 '한국어'와 '중국어', '한국어·중국어 혼용' 가운데, 한국어로만 되어 있는 글을 읽는 데에 가장 긴 시간을 필요로 한다는 점을 보여 주었다. 이는 19세 대학생과 비교 연구한 데에서 더욱 두드러지게 차이가 드러난다. 대학생은 한국어·중국어 혼용인 글을 읽을 때에 가장 긴 시간을 필요로 함으로써 이들이 섞어 놓은 언어에 어려움을 느끼고 있음을 보여 주었기 때문이다. 즉 이중언어가 이미 완성된 단계에서는 두 가지 언어를 섞어 놓았을 때에 오히려 가장 큰 어려움을 겪는다는 사실을 보여 주는 일례다.

　외국어 학습을 연구하는 연구자들은 이런 경우를 두고 중간언어라 중간언어(semiligualism)_ 'distractive bilingualism' 또는 'interlanguage'로 표현하기도 함. 전자는 '반쪽언어', 후자는 모국어도 새 언어도 아닌 어정쩡한 말인 '자기들만의 언어'로 번역 가능. 중간언어는 둘 이상의 언어를 배우는 과정에서 어휘나 문법 지식의 부족으로 어느 쪽 말로도 생각과 감정을 잘 표현 못 하는 현상을 일컫는 말

는 용어를 사용하는데, 이는 외국어를 배우는 학습자가 목표점에 이르기 전에 사용하는 언어를 가리키는 것이다. 중간언어 단계에서 자신에게 좀 더 익숙한 언어와 생소한 외국어를 섞어 쓰는 과정은 필연적으로 나타난다.

현재 중국에서 거주하고 있는 재중동포 가정의 어린이는 거의 이중언어 또는 다중언어 사용자라 볼 수 있다. 이들에게 중국어는 필수 언어나 마찬가지인데, 이들이 중국어를 익히는 과정은 매우 흥미롭다. 재중동포가 집중 거주하는 지역의 초등학생 어린이는 쓰기에서 고유어를 약 80% 정도 사용하다가, 대학생이 되면 그 비율이 약 60% 정도로 떨어져 내려간다. 한편, 재중동포가 산발적으로 거주하는 지역에서는 초등학생에서 대학생에 이르기까지, 한자어 사용에 안정적인 비율을 유지한다(장봉춘·김철준, 2015). 중국어를 새로이 배우고자 하는 어린이나, 한-중 이중언어 어린이를 둔 부모라면 이러한 점에 관심을 둘 만하다.

오웬스(Owens, 2005)의 《언어발달》에 따르면, 영어, 스페인어, 아랍어 등 서로 다른 언어라 하더라도 어린이가 대개 4세 이전에는 거의 모든 자음을 발음할 수 있다.[7] 영어를 기준으로 했을 때 자음을 습득하는 평균 연령이 어느 정도 결정되어 있으며[8] 5세가 되면 문법 요소의 90% 정도는 습득한다.

한국이나 중국의 어른은 어린이의 글자 공부를 재촉하는 편이다. 두 나라 모두 아직 어린 나이일 때부터 문자를 가르친다. 문자를 어린 나이일 때부터 배운다는 것은, 글자와 소리를 짝짓는 것을 기본 목적

으로 하고 있다. 중국어와 한국어 자소와 음소 대응에 관한 연구(윤혜경·박혜원·나은영, 2005)에 의하면, 재중 한-중 이중언어 어린이의 경우 한국 어린이에 비해 한글의 자소와 음소를 대응하는 인식 능력이 1년 정도 빠르다고 한다. 그럼에도 5세가 될 때까지 한글을 읽는 능력은 매우 취약하다가, 한국의 초등학교에 해당하는 소학교 입학 이후부터는 음운 인식 능력과 읽기 능력이 급성장한다고 한다. 쓰이지 않는 글자에 대한 읽기에서도 두 배가량 초고속 성장세를 보인다는 것이다. 중국어는 자소와 음소를 대응하기가 쉽지 않기 때문에 언뜻 특성상 이러한 결과가 낯선 것 같지만, 중국의 소학교 국어 시간에도 최근 한위(汉语) 병음[9] 교육을 실시하기 때문에 의외의 결과를 낳게 된 것으로 볼 수 있다. 한자로만 교육하는 것보다는 한위 병음을 통하여 자소와 음소 관계를 더욱 분명히 이해할 수 있기 때문이다. 의미를 파악하는 면에서도 한국어와 중국어 간에 차이를 보이는 것으로 알려져 있다. 의미에 기초한 조직화 책략이 가능한 5학년 어린이들의 경우 한국어보다는 중국어 글을 보았을 때 의미를 더 잘 기억한 것으로 보고되고 있다(윤혜경·박혜원, 2005).

그런데 이런 연구 결과를 민족주의적인, 혹은 상업적인 측면에서 지나치게 부각하여 접근하면 어린이에게 제대로 된 언어 교육을 실시할 수가 없다. 한자의 우수성을 강조하며 한자 교육 강화를 밀어붙이거나, 또는 한글의 우수성을 부각하여 외국어 교육의 무용성을 주장하고 상용하는 외래어마저도 모두 퇴출시키려 한다거나, 영어의 우수성을 부각하여 영어를 잘하지 못하는 사람들에게 불안감을 심어 주는 행위는, 사실 방법만 다를 뿐 그 근본은 크게 차이가 없다. 사람들에게는 저마다 잘하고 싶은, 또는 배우고 싶은 언어가 있다. 어른은 이를 자신의 의지에 따라 선택할 수 있지만, 어린이는 그것이 쉽지 않다. 따라서 어른이 옆에서 강요하게 되면 어린이에게는 선택의 여지가 없다. 하지만 어린이도 기계가 아니다. 온오프(on-off) 단추를 눌러 작동시킨다고 어른 마음대로 움직이지 않는다. 그러나 다행스럽게도 어린이의 언어 습득(language acquisition)과 관련된 연구가 나오면 나올수록 기존의 오해는 점점 더 풀어지고, 관련된 신화는 차차 깨어지는 추세다.

긴 안목에서 보자면 외국어를 그토록 배우고 싶어 애를 쓰는 어른도 일종의 중간언어 단계에 있는 셈이다. 중간언어 상태는 불완전한 상태이지만, 외국어를 배우는 단계에서는 결코 건너뛸 수 없는 필수 과정이다. 그런데 이것이 불완전하다는 이유로 이 상태 자체를 부끄러워하거나 견디기 어려워할 필요는 없다. 오히려 이 과정을 얼마나 건강하게 즐기느냐에, 외국어를 공부하는 진정한 이유가 비밀처럼 숨겨져 있다. 한국의 어른은 불행하게도 지금까지 언제나 '정답'만을 찾는 외국어 공부를 해 왔다. 그렇기 때문에 왜 외국어를 배우느냐는 질문을 스스로 던져 본 적도 없고 다른 사람에게 물어볼 엄두도 별로 내지 못했다. 외국어를 배운다는 것은 열린 마음을 갖는 것이며, 가 보지 않은 세계로 여행을 떠나는 것이다. 미지의 세계로 떠나는 여행에 이미 결정된 정답이 있을 리가 없다.

05
중간언어와 언어 장애

어린이의 중간언어를 마음껏 축복해 줄 수 있다면 얼마나 좋을까만, 많은 학부모는 자기 자식이 어정쩡한 이중언어자가 되기를 바라지 않는다. 양쪽 언어를 모두 현지인과 똑같이 유창하게 해 주기를 원한다. 중간언어는 그야말로 반쪽짜리 언어에 불과한 것 아닌지, 사회는 혹시 이러한 중간언어를 일종의 언어 장애로 취급하지는 않는지 하는 불안도 갖고 있다.

이것이 어느 정도는 사실이다. 하지만 현재 우리에게는 이중언어를 측정할 만한 적절한 테스트 방법과 평가 도구가 없다는 사실도 인정해야만 한다. 따라서 이중언어 아이의 두 언어를 각각 검사하는 수밖에는 달리 방법이 없다. 일반 학교로 전학을 가는 한-중 이중언어 어린이는 속히 이중언어 상태를 벗어나 단일언어 체계로 편입되었을 때에야 비로소 성공적인 학교생활을 이끌어 가고 있는 것으로 평가받는다. 현재 우리의 평가 기술과 사회적 인식의 한계 때문인 것이다.

> 단일언어 (monolingualism)_ 하나의 언어만을 사용하거나 사용 가능한 상태. 'monoglottism' 또는 'unilingualism'으로 표현하기도 함

바우어(2012)는 중간언어를 의미하는 'semiligualism(또는 distractive bilingualism)'과 'interlanguage'를 엄격하게 구분하고자 했다. 이런 취지를 살려, 《이중언어 아이들의 도전》(바우어, 2012)의 번역자도 전자는 '반쪽

> 반쪽언어_ '중간언어(51쪽)'의 다른 이름

언어', 그리고 후자는 '자기들만의 언어(모국어도 새 언어도 아닌 어정쩡

한 말)'로 구분하여 번역했다. '반쪽언어'는 모자라는 어휘와 아직 불완전한 문법 때문에 아이가 어느 쪽 말로도 생각과 감정을 잘 표현하지 못하는 현상을 일컫는다. 이때 이중언어는 감산적으로 작용하기 때문에 학교와 집에서 사용하는 언어가 다를 경우에 언어 발달에 장애가 생길 수밖에 없는 것이다.

'자기들만의 언어'도 발달에 부정적인 영향을 끼칠 수밖에 없다는 점에서는 마찬가지다. 아이뿐만 아니라 부모의 언어 역시 미흡할 경우가 바로 이에 해당한다. 호영(남, 11, 가명)은 축구를 무척 좋아하고 또 잘하기도 하는 초등학생인데, 자신이 살고 있는 아파트의 엘리베이터에서 엄마가 다른 주민과 이야기를 하지 못하도록 엄마에게 눈치를 준다. 엄마의 조선어 억양과 중국어 식의 어색한 어휘 사용이 못마땅한 것이다. 엄마가 학교 학부모 모임에 참석하는 것도 원하지 않는다. 사정이 이렇다 보니 호영 엄마는 호영이의 언어 교육 문제를 전적으로 학교에 맡길 수밖에 없는 처지다. 호영 엄마가 집에서 조선어 또는 중국어 사용을 자제한다 하더라도 호영 엄마의 한국어가 호영이 바라는 수준에 갑자기 이르는 것은 아니다. 이대로 내버려 둔다면 호영은 결국 감산적 이중언어자가 될 것이다.

그보다 더욱 심각한 상황은 호영 엄마의 사정이다. 감산적 이중언어자가 되고 있는 것은 엄마도 마찬가지일뿐더러, 호영이처럼 학교교육에서 체계적으로 한국어를 배울 기회도 없다. 설사 있다 하더라도 본인 스스로 참여 의사가 별로 없다. 엄마에게는 스스로 한국어를 배우는 등의 적극적인 방법과, 비록 소수 언어이지만 자신이 사용하는 언어를 최소한으로 유지하는 소극적 방법이라는 두 가지의 선택이 있다. 이 중 어떤 것을 택하든 반드시 호영을 비롯한 다른 가족과 충분히 의견을 나누고 자신의 고충을 피력할 수 있어야 빠른 시간 내에 질적 변화를 기대해 볼 수 있을 것이다.

두 살 전후의 이중언어

특정 단어는 중국어를, 다른 경우는 한국어를 한다는 아이도 있다. 왜 그럴까, 혹시 두 개의 전혀 다른 시스템이 머릿속에 있는데 이것을 분리할 줄 몰라서 그런 것은 아닐까? 이것은 많은 전문가들에게도 매우 흥미로운 문제다. 대체로 두 살 이전의 아이는 두 개의 언어 시스템을 구분하지 않아서, 즉 분리 불가한 상태이기 때문에 이것을 섞어 쓴다고 알려져 왔다. 예를 들어 엄마가 한국말을 쓰고 아이도 한국말을 알지만, 유독 강아지나 곰과 같은 동물과 관련된 단어는 반드시 중국어를 고집하는 그런 아이들이 실제로 있다. 그렇다면 두 살 이전에는 머릿속에서 아예 두 가지 언어가 뒤섞여 있다고 보아야 할 것인가.

바우어(2012: 92~97)는 이와 같은 말의 혼용 현상을 두고, 이중언어 아이들의 언어 혼란을 어느 정도는 인정해야 한다고 보았다. 하지만 대체로 두 살 이상의 (빠르면 더 전) 아이는 두 언어를 섞지 않고, 누구에게 어떤 언어로 이야기해야 할지를 구분할 줄 안다는 것이다.

두 살 전후 이중언어 어린이의 언어 혼란에 대하여 조금만 시각을 옮겨 보면, 이렇게 어린 나이에도 의사소통을 위하여 애를 쓰고 있다는 사실을 확인할 수 있다. 즉 다른 언어에서 단어를 빌려 와서라도 자신의 부족한 어휘를 채워 넣으려는 전략을 어린이도 구사하는 것이다. 중국어를 모르는 아빠에게는 "아빠 멍멍 어서 문 닫아 줘"라고 하면서 바로 고개를 돌려 중국어를 할 줄 아는 엄마에게 강아지가 추울 수 있다는 사실을 "샤오거우(小狗) 추워"라고 말한다. 이는 대화의 상대에 맞추어 스스로 언어를 선택하고 있는 것이다. 이러한 변화는 대체로 두 살 전후에 일어난다고 알려져 있지만, 어린이의 언어 발달에 관한 정밀한 연구가 앞으로 나오면 나올수록 그 이유와 기제에 대해서 더욱 자세하게 밝혀지게 될 것이다.

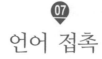

언어 접촉

언어 접촉은 개인의 수준을 뛰어넘어 사회적인 영향력으로 작용하기도 한다. 예를 들어 필자는 간혹 중국어에 존댓말이 있냐는 질문을 받는데, 그에 대한 대답은 '있기도 하고 없기도 하고'이다. 중국어에는 원래 존대어가 없었을 것으로 짐작된다. 한국어와 같이 존댓말이 있는 말과 접촉이 빈번했던 중국의 북방에서는 "你(너)" 대신에 존칭어인 "您"을 사용하지만, 직접 접촉이 없는 남방에서는 존칭어라는 개념조차 생소하다.

언어가 접촉의 산물이라는 사실을 보여 주는 흔한 예로는 콩글리쉬(Konglish)를 들 수 있다. 한국에서는 이 현상을 부끄럽게 생각하는 경향이 있지만, 콩글리시가 만들어지는 원리와 다른 나라의 예를 알고 나면 반드시 그럴 필요는 없다는 생각이 들 것이다. 영어가 세계어로서 역할을 하고 있는 지금, 영어와 각국 언어의 혼합은 전 세계적인 현상이다. 중국 사람과 영어가 만나는 곳이라면 칭글리시(Chinglish), 스페인 사람과 영어가 조우하면 스팽글리시(Spanglish)가 생겨날 수밖에 없으며, 이미 이와 같은 표현은 널리 사용되고 있다.[10] 프랑스 사람들은 영어를 앙글레(anglais)라 부르기 때문에 프랑스식 영어는 아예 프랑글레(franglais)[11]라 부르며 최소한의 언어적 자존심을 지키고자 하지만, 결국 콩글리시와 마찬가지 현상이다. 어쨌든 프랑스 사람이 영어를 만났을 때 이런 일이 벌어지는 것이다.

개인의 입장에서 보자면 접촉의 경험이 어렸을 때 일어날수록 더욱 빨리 새로운 언어를 배울 것 같지만 반드시 그렇지만은 않다. 어렸을 때부터 계속 축적되어 전체적인 시간이 길어지면 그 언어를 더 잘 구

몰입교육(immersion education)_
제2언어를 가르치는 한 방법으로,
그 언어를 통하여 다른 교과목을 가
르치는 방법

사할 것 같아도, 동일한 시간을 투입한다면 나이가 들어서 해당 언어를 만난것이 오히려 더욱 유리하다는 것이 이미 밝혀졌다. 예를 들어 이중언어 유치원에서 1년간 외국어 몰입교육을 받은 네 살과 일곱 살 아이들의 경우, 네 살짜리의 말과 이해력은 같이 1년간 몰입교육을 받은 일곱 살짜리에 비해서 훨씬 떨어진다. 네덜란드로 이민 온 영어 사용자의 경우에는 어른이 3개월 이상 현지에 거주했을 때, 발음을 제외한 모든 언어 영역에서 현지의 네 살 아이보다 앞선다고 했다(바우어, 2012). 적어도 외국어를 배우는 초기에는 모국어를 잘하는 사람일수록 외국어도 배우는 속도가 더 빨라진다고 봐야 한다.

한국과 중국은 국경이 맞닿아 있는 관계로, 접촉 또한 역사적으로 빈번했다. 최근 눈부신 경제성장을 기록하고 있는 단둥(丹東)에 있는 이부콰(一步跨)는 바로 한 걸음만 건너면 북한이라는 다른 나라로 갈 수 있기 때문에 붙여진 이름이다. 사정이 이러하니 인적 교류는 얼마나 잦았을지 쉽게 상상할 수 있지만, 지금은 남북 분단이라는 상황으로 인하여, 그리고 북한 내부의 폐쇄적인 정책으로 상호 간의 자유로운 왕래는 억압당하고 있다. 접촉이 잦아지는 지점에서의 정체성 문제는 어떨까. 강주원(2013)은 단둥에 한국어를 공유하는 네 집단인 조선족, 북한 화교, 북한 사람, 한국 사람 들이 경제활동을 추구하며 중국어가 아닌 한국어로 소통하지만, 그들의 관계에 국민 혹은 민족의 연결고리와 엇갈림 그리고 모호한 기준이 교차하여, 넘나들기의 허락과 제한이 있는 국경은 그들에게 국민과 민족의 정체성을 확인하고

재정립하는 기회가 된다고 보았다.[12] 국경이라는 경계를 활용하는 삶의 수단과 전략 속에서 국민이나 민족 정체성은 이용해야 할 일종의 전략이 된다고 본 것이다. 이 네 집단이 관계맺기를 하면서 필요에 따라 북한 사람이 북한 화교로, 북한 화교가 조선족으로, 정체성을 넘나들기도 한다는 것이다.

비록 정체성을 넘나든다고는 하지만 다른 각도에서 보면 집단별로 정체성을 어렴풋이나마 인식하고 있다는 이야기가 되기도 한다. 언어를 기반으로 한 정체성을 보면, 북한 사람, 북한 화교, 조선족, 한국 사람이라는 네 집단은 한편으로는 경제활동을 위하여 한국어를 공유하는 것처럼 보이겠지만 '단일언어(조선어)-이중언어(조선어-중국어)-단일언어(한국어)'라는 구조 속에서 직접 교류 또는 통역을 통한 간접 교류, 말 섞어쓰기 등의 다양한 언어적 전략을 사용할 수도 있다. 왜냐하면 이것이 바로 이들의 경제활동 범위를 결정하는 결정적 요소가 될 수 있기 때문이다. 단둥과 같은 이중언어 구역을 거쳐 한국으로 입국하기를 원하는 이가 있다면, 이들에게는 이 중간 지역이 '제1단일언어(조선어)-이중언어(조선어-중국어)-제2단일언어(한국어)'라는 특이한 상황을 제공하는 통로로서의 공간이 되기도 한다.

제 2 부

한–중 이중언어 어린이의 일상과 언어

류메이는 한국에 온 지 13년이 넘었다. 아이가 세 살이 되기 전까지는 혼자서 아이를 돌보았다. 자신은 아이에게 늘 중국어를 사용했고 남편은 한국어를 사용했다. 지금 초등학생이 된 딸은 한국 학교에 다니면서 좋은 성적을 유지하고 있다. 가끔 중국에 있는 외가에 가게 되면 큰 어려움이 없이 중국어를 사용한다. 가장 좋아하는 언어가 무엇이냐는 질문에는 수줍은 표정을 지으며 영어가 가장 재미있다고 대답했다.

제 3 장

한-중 이중언어
어린이의 분포와
이들의 언어

한-중 이중언어 어린이란

    한-중 이중언어 어린이는 어떤 모습을 하고 있을까. 이들은 한국말과 중국말을 얼마나 섞어서 사용할까. 이들은 한국말과 중국말 가운데 어떤 언어를 더 선호하며, 앞으로도 현재의 언어 상태로 남기를 원할까. 이들의 말을 못 알아듣는 사람을 만나면 어떤 태도를 보일까. 이들의 부모는 아이들이 하는 말을 다 알아들을 수 있을까. 한-중 이중언어 어린이에 대한 여러 의문은 쉽게 해결될 것처럼 보이지 않는다. 이들을 살펴보기 위해서는 가장 영향력을 끼치고 있는 성인에 대한 이해가 우선되어야 한다. 성인 스스로가 이중언어자인 경우도 적지 않다. 그러나 이들의 양상은 이중언어 어린이와 다소 차이점을 보인다.

    류메이(여, 38, 교사)는 자신이 한국에서 오래 생활했지만 여전히 언어로 인한 오해가 생길 수 있다고 이야기했다. 남편이 한국 사람이고 한국에서 직장 생활을 한 경험도 있어서 다른 사람들과 비교하면 그래도 상황이 나은 편이라고 했다. 하지만 은행, 병원 등에서는 여전히 긴장하게 된다고 털어 놓았다. 한번은 병원에서 MRI를 찍어야 한다고 해서 진찰을 기다리다가 의사소통에 문제가 생겨 정작 찍어야 할 곳은 찍지 못하고 다른 곳을 찍었던 경험도 있었다. 류메이가 말한 은행이나 병원 등은 공공 영역에 해당하는 곳으로, 이중언어자가 공통적으로 어려움을 겪는 영역이기도 하다.

    한편, 한국에서 아이를 낳아 기르면서도 자신이 진정한 한국인이 되었다고 생각하기까지 긴 시간이 걸렸다고 했다. 가장 큰 난점은 바로 음식이었는데, 한국의 장류 음식이 입맛에 맞지 않아 고생을 했다는 것이다. 단순하게 입맛에 맞지 않을 뿐만 아니라, 몸이 이것을 받아들이지 않는다는 생각에 무척이나 힘들었다. 반면 딸은 한국에서 태어나서인지 엄마인 류메이처럼 한국에서 음식 문제를 겪지 않는다.

이와 같은 류메이의 진술은 이중언어자가 흔히 겪는 정체성(identity)과 관련된 문제를 단적으로 보여 주는 것이다. 류메이의 딸은 인터뷰 날에 중국 여성의 전통 의상인 치파오와 중국식 조끼를 빨간색으로 곁들여 입고, 중국 여자아이들이 흔히 동그랗게 말아 올리는 양갈래 머리를 하고 찾아왔다. 하지만 류메이의 딸이 스스로가 중국 사람이라는 생각을 갖고 있어서 그런 차림을 한 것이 결코 아님을 금방 알아차릴 수 있었다. 수줍음을 많이 탄다며 아이는 처음에는 마이크 앞에서 계속 웃기만 했는데, 그런 와중에도 처음으로 건넨 인사는 "니하오(你好!)"가 아니라 "안녕하세요"였다.

류메이는 딸이 세 살 때까지는 자신이 아이를 돌보았다. 지금도 아이에게 기회가 닿는 대로 중국 노래도 들려 주고, 컴퓨터로 아이가 좋아할 만한 중국 프로그램을 보여 주고, 또 책도 읽어 주기 때문에 아이는 중국어를 알아듣는 데에는 전혀 문제가 없다. 실제로 필자가 중국어로 질문을 하면 아이는 모두 알아들었으며, 답을 할 때에는 수줍은 표정을 지으며 한국어로 답했다. 이 인터뷰는 녹화되었는데, 카메라 감독과 PD 등 스텝들이 중국어를 할 줄 모른다는 사실을 아이가 인지하고 있었음을 나타낸다. 한편 류메이는 인터뷰 중 한국어를 사용하지 않았다.

어린이는 스스로 거주지를 선택할 수 없다. 따라서 이들은 마치 어른의 그림자처럼 따라다닐 수밖에 없다. 그러면서도 무조건 어른의 삶에 종속되지 않고 새로운 환경에서 친구를 사귀고, 학교에 다니고,

자칫 고립되기 쉬운 자신들의 가족을 사회와 가장 부드럽게 연결할 수 있는 다리 역할을 해 낸다. 그것도 소리 없이! 한국과 중국 양국이 더욱 가까워지기 위해서는 눈에 보이지 않는 이들의 역할이 중요하다. 이웃이 이들을 어떻게 맞이하고 어떤 환경에서 자신의 모국어를 지키면서 또 다른 언어를 배워 갈 수 있도록 할 것인지, 그 와중에 심리적인 위축감은 생겨나지 않는지, 드러내지 않고 살펴보는 것이 성숙한 어른으로서 이들에게 할 수 있는 최소한의 도리가 아닐까.

한-중 이중언어 어린이의 분포를 보면 아무래도 세계적으로는 한국과 중국에서 이들의 비율이 가장 높게 나타날 수밖에 없다. 이들이 처음부터 이중언어자가 될 운명이었던 것은 아니다. 이들은 부모 및 주변 환경의 영향으로 소극적 이중언어자가 되거나 혹은 교육의 힘을 빌려 적극적 이중언어자로 거듭난다. 학교 생활이 필수적이라는 측면을 고려한다면 한-중 이중언어 어린이의 범주에 초등학생 이상도 마땅히 포함될 수 있을 것이다.

학자들은 언어 교육과 관련해서는 12세 전후를 언어 습득의 중요한 분수령으로 삼아 왔다. 언어 습득의 결정적시기가설(CPH: Critical Period Hypothesis)에 따르면 외국어를 자유자재로 구사하려면 사춘기를 넘어서기 전에 시작해야 한다. 이 이론은 1950년대부터 시작되어 언어 습득과 관련하여 가장 자주 거론되는 것이다. 하지만 최근에는 이것이 반드시 맞지 않고, 심지어 성인이 되고 나서도 충분히 외국어를 배울 수 있다는 믿을 만한 연구 결과가 쏟아져 나오고 있다. 버틀러와 하쿠다(Butler and Hakuda, 2004)는 적어도 아직까지 외국어 습득에 시작 나이와 끝 나이가 밝혀진 바가 없다고 보았다. 《라틴어 입문》의 저자인 전상범 선생은 일곱 개 외국어 능통자로 정평이 나 있는데, 이 중 중국어는 나이 75세에, 희랍어는 81세에 시작했다.[1]

이 책에서는 다른 12세 전후를 한-중 이중언어 어린이의 경계로 삼았다. 그 이유는 어린이의 언어 발달이 12세까지 계속 진행된다는 점, 그리고 12세 이하의 어린이는 순수하게 자신의 의지에 따라 특정한 외국어를 배우겠다고 선택하고 행동으로 옮기는 것이 용이하지 않다는 점 때문이다. 다시

동기(motivation)_ 행동, 욕구, 필요의 이유가 되는 것으로, 특정 언어를 배울 수 있도록 하는 동력

말하자면, 언어를 선택하는 시기·환경·동기·언어에 대한 태도 등을 두루 고려하여 이를 분수령으로 삼는다는 의미다. 12세라는 나이는 절대적인 것이 아니며, 여기에는 개인차 역시 분명히 존재한다.

한국어와 조선어

오늘도 한국에서는 숱한 교재와 강좌가 '중국어'라는 이름으로 쏟아지고 있다. 그런데 중국에서는 '한국어'를 배우고자 하는 마음과 '조선어'를 배울 수밖에 없는 현실 간의 간극이 엄연히 존재한다. 한국어와 조선어에 무슨 차이가 있겠냐고 생각하기 쉽다. 하지만 지금 큰 차이가 나지 않는 것처럼 보이는 이 첫 단추는 시간이 지나면 지날수록 잘못 꿰어졌다는 것을 보여 주게 될 것이다. 지금 이 단추의 이름은 '언어'에서 시작하지만 나중에는 정치와 외교, 경제와 같은 분야에서 미처 생각하지 못한 부메랑이 되어 날아올 수 있기 때문이다.

재중동포에게 조선어와 한국어는 엄연히 구분 가능한 언어다. '여우씨'나 '쌍발', '자호감', '피발가격', '피형', '센치메터' 등의 조선어 표현은 잘 모르는 사람이 듣더라도 한국어의 '게임', '출근', '프라이드', '도매가', '혈액형', '센티미터'와는 확실하게 차이가 난다. 재중동포가 사용하는 조선어 가운데 한국어와 가장 눈에 띄는 차이점이 있다면, 아이스크림을 얼음보숭이라 부르듯이 아무래도 한국어보다는 고유어적인 특징을 더 많이 살려 유지하려는 점일 것이다. 이 밖에도 '여우씨(游戏)'나 '쌍발(上班儿)'처럼 중국어를 소리 나는 대로 사용하기, '자호감(自豪感)'처럼 중국어로 써 놓고 한국 한자어 식으로 발음하기, '피발가격(批发价格, '피'는 도매를 의미하는 중국어 'pīfā'의 첫 음절에서 온 것이고, 나머지 '발가격'은 중국어를 한국 한자어 식으로 발음한 것)'이나 '피형(型)'처럼 한자어 또는 고유어 등과 섞어서 사용하기, '센치메터'

와 같이 기타 외래어를 소리 나는 대로 사용하기 등이 있다. 사실 한국어도 말을 만드는 조어법이라는 원칙 면에서는 마찬가지의 전략을 구사하지만 결과적으로는 전혀 다른 표현이 되고 만 것이다.

　문자의 형태 측면에서 한국어와 조선어는 큰 차이가 나지 않지만, 사용하는 어휘 차이 때문에 재중동포는 한국어와 조선어의 문자 차이를 여전히 인식하고 있다. 조선어 문자를 사용하는 비율에서는 재중동포의 집중 거주지에서 약 82%가 늘 사용한다고 답했다. 하지만 산별 거주지에서는 가끔 사용하는 비율이 41%가 가장 높고, 기본적으로 사용하지 않는다는 비율도 무려 29%나 된다(지동은 외, 2009).

　중국 조선어의 탄생은 중화인민공화국의 탄생과 맥을 함께한다. 1949년 중화인민공화국이 탄생하고 곧이어 1952년 옌볜조선족자치주가 설립되었다. 1954년에는 중화인민공화국 헌법 제1장 제8조에서 각 민족이 자신의 언어와 문자를 사용하고 발전시킬 자유를 규정하는데, 이에 옌볜조선족자치주에서는 조선어를 공용어로 채택한다. 1963년 저우언라이(周恩來) 전 총리가 지린(吉林)을 시찰하면서 평양어가 기준이 되어야 한다는 지시를 내렸기 때문이다. 이후 재중동포가 다수 거주하고 있는 지린, 랴오닝(遼寧), 헤이룽장(黑龍江), 이 동북 3성에서는 1977년까지도 북한의 '조선말 규범'을 그대로 따랐다. 같은 해에 열린 조선어문사업실무회의에서 '조선어맞춤법'을 제정하여, 남북한에서 다르게 사용하는 말 또는 없는 말을 현지 실정에 맞추어 규범화할 수 있었다.[2] 결국 재중동포가 사용하는 조선어는 오늘날 북한에서 사용하는 조선어와도 완전히 일치하지 않게 되었다.

　한국의 서울대학교에는 개교와 동시에 개설한 '중어중문학과'가 있지만 중국의 베이징대학에는 '조선(한국)문화언어과'가 있다. 베이징대에서 1945년에 처음으로 설립될 당시만 하더라도 이름이 한국어과

였던 것이, 1949년 중화인민공화국이 들어서고 베이징대가 조정되는 과정에서 조선어 전공으로 이름이 바뀌었다. 그나마도 중국 내 고등교육기관 가운데에서는 최초로 한국어 관련 학과였다. 2009년부터는 한국을 슬그머니 학과 이름 속에 괄호로 끼워 넣고는 있으나, 교과 과정은 실용문과 회화를 제외하면 여전히 조선어 위주다.[3]

언어를 사용하는 데에 특별한 비용을 지불해야 하는 것도 아니고, 누가 어떤 언어를 사용하는지 일일이 체크할 수도 없을뿐더러, 나라마다 이것을 규정할 수도 없다. 따라서 많은 사람이 언어문제에 특별히 관심을 두지 않는 경우가 대부분이지만, 사실 언어 분류 문제는 예상치 못한 분쟁의 불씨가 될 수도 있다. 독도를 둘

> 언어 계획(language planning)_ 정부가 자국 언어의 사용과 규범에 대하여 취하는 정책과 작업

러싼 지난한 싸움 못지않게 언어를 누구 것으로 볼 것인가 하는 문제 역시 결코 만만하지 않다. 중국은 언어 계획을 위하여 중국 전역에서 사용하는 언어를 대대적으로 조사하여 자료 정리를 해 두고 있다. 중국의 언어 분류에 따르면 현재로서는 조선어가 중국의 언어 가운데 하나로 분류되지 않을 수 없다.

한편, 흔히 우리가 '중국어'라고 부르는 언어를 중국에서는 '한위(汉语)'라고 부른다. 중국의 공식 언어는 바로 이 한위이며, 이것이 공식적인 언어이자 교육 언어다. 그런데 중국어의 특성상 방언 차이가 너무 커서 같은 한위라 하더라도 실질적인 의사소통이 되지 않는 지역이 많다.[4] 조선어는 중국 내 55개 소수민족이 사용하는 '비(非)한위' 가운데 하나다. '조선족'이라는 명칭은 중국 내에서 조선어를 사용하는 소수민족을 중국의 입장에서 명명한 것이다. 한족이 아니라는 점을 '조선족'이라는 이름으로 분명하게 선을 그을 수 있다. 한국에서는 굳이 중국에서 사용하는 이 명칭 대신 재중동포로 부를 수 있을 텐데,

사실 중국 내에서 재중동포가 밀집한 지역은 재중동포의 집중 거주지라 하더라도 한족과 공존하는 형태를 보이고 있다. 이리하여 자연스럽게 한–중 이중언어 사용 구역이 생겨나게 되는 것이다.

이런 복잡한 외부 관계에 아랑곳하지 않고, 어린이들은 오늘도 쑥쑥 자라나고 있다. 세 살만 되어도 약 1,000 단어의 어휘를 구사하며, 다섯 살이 되면 1,500 단어 이상의 어휘를 사용한다. 열두 살이 되면 주제와 내용, 그리고 확장된 언어 사용과 증강된 어휘력의 넓이와 깊이로 따졌을 때 융통성 면에서 다소 떨어질 뿐, 기본적으로는 이미 성인의 언어와 큰 차이가 없다.[5] 자신이 직접 사용할 수 있는 능동어휘와 단순히 알아듣거나 이해할 수 있는 수동어휘로 나누어 어린이의 언어발달을 측정하기도 하는데, 여섯 살이면 3,000개의 능동어휘와 8,000개의 수용어휘를 구사한다고 한다.[6] 이제 이 조그마한 성인이 구체적으로 어떤 모습을 하고 있는지, 이들과 이들의 언어를 만나러 갈 차례다.

03
누가 한-중 이중언어 어린이인가: 한국의 예

　　한국 통계청에 따르면 2014년을 기준으로 했을 때, 한국에 거주하고 있는 만 6세 이하의 중국어 사용자는 대략 4만 1,000명을 웃돈다. 12세까지 확대한다면 숫자는 크게 늘어날 것이다. 이들은 국적별로 크게 중국인, 한국계 중국인, 대만인이 주를 이루고 있다. 한편, 이듬해인 2015년 전체 외국인 주민의 자녀 수는 대략 21만 명에 육박한다. 2014년 조사를 기준으로 중국어가 모국어인 결혼 귀화자만도 이미 약 6만 4,000명에 이르렀다.[7] 그런데 실질적으로는 불법 체류자도 적지 않으며, 그중에는 12세 미만의 어린이도 다수 존재할 것으로 추정되고 있다. 여러 사항을 감안한다면 부모 중 적어도 한 명 이상의 언어가 중국어이어서 중국어를 사용하는 한-중 이중언어 어린이는 한국에 거주하는 외국계 어린이들 가운데에서는 매우 높은 비율을 차지하고 있을 것이다.

　　한국 내의 외국인 학교 49개교 가운데 가장 비율이 높은 언어 또한 중국어다. 이 중 화교 유치원과 소학교만도 12개교에 이른다. 특정 언어를 지정하지 않는 국제학교를 포함한다면 중국어 교육이 가능한 학교의 비율은 영어에 뒤지지 않는다.[8] 하지만 이중언어

> 이중언어 교육(bilingual education 또는 biliterate education으로 부르거나 때로는 dual-language program, two-way program과 같이 교육 형태로도 표현)_ 언어를 기초언어와 목표언어로 구분했을 때, 기초언어의 기반 위에서 학생이 일정한 수준의 목표언어를 습득하게 하는 교육

교육이 가능한 학교를 필요로 하는 수요에 비하여 이들 외국인 학교에서 수용할 수 있는 인원은 극히 미미한 숫자에 불과하다.

중국어권에서 거주하다가 한국으로 돌아오는 귀국자들도 있다. 2014년에는 1,215명의 초등학생이 중국에서 귀국하여 한국 내의 학교로 전입했는데, 이들 중 절대 다수인 1,179명이 일반 공립 초등학교로 옮겼다.[9] 귀국한 학생의 거주 연한에 따라, 이들의 이중언어 실력에도 차이가 있다고 가정해 볼 수 있지만, 여러 가지 개별 상황을 고려하여 이중언어를 유지할 수 있도록 특별한 장치를 마련할 만한 여력이 현재 한국 사회에서는 아직 마련되지 않았다고 볼 수 있다.

다문화 가정의 어린이

다문화 가정 어린이의 사정은 어떨까. 우선 이들의 규모부터 살펴보도록 하자. 「다문화가족지원법」이 개정되어 2012년부터는 혼인귀화자 외에 인지, 귀화 등의 기타 사유 국적취득자도 다문화가족에 포함되었다. 행정자치부에 따르면, 다문화가족은 2015년에 82만 명 내외이며 매년 지속적으로 증가하여 2020년에는 100만 명가량이 될 것으로 예상되고 있다.[10] 결혼이민자 및 인지·귀화자의 출신국적을 보면 중국(한국계)이 30.7%로 가장 많고, 다음으로 중국 22.4%로 이 둘을 합치면 이미 전체의 절반을 넘어선다.[11]

국내의 다문화 가정 학생 통계에 따르면 이들은 크게 '국내출생', '중도입국', '외국인가정'으로 나눌 수 있다. 2016년 청소년 통계에 따르면 초, 중, 고등학생을 모두 합쳐 전체 인원은 2015년 기준으로 8만 3,000명 정도다. 2014년 기준으로는 총 6만 8,000명가량 되는데, 이중 초등학생이 71% 정도인 총 4만 8,297명을 차지하고 있다. 초등학생 가운데 이들의 내부 비율을 살펴보면, 국내출생자가 4만 1,575명으로 절대 다수를 차지하며, 중도입국자나 외국인 가정 출신은 각각 3,000여 명 수준에 불과하다.[12] 한편, 다문화 가정 자녀 가운데 중국어권에서 온 자녀는 8만 6,847명(2015년)으로 추산된다.[13]

초등학생 가운데 국내출생자나 중도입국자, 외국인 가정 출신이라고 하여 이들 역시 특정한 종류의 학교를 선택할 만한 처지는 못된다. 귀국 학생들과 마찬가지로, 이들은 대체로 일반적인 공립 초등학교에 진학한다. 현재 한국의 대학에서 근무하고 있는 왕(王) 교수는 자신과 남편이 모두 중국 국적자이지만, 두 아이들은 모두 가까운 인근의 초등학교로 진학시켰다. 이중언어 교육의 기회가 없는 학교라는 것을 알았지만 다른 대안이 없었다.

통계청에서 발행한 사회조사보고서에 따르면 다문화 가구원을 위하여 가장 시급하게 해결해야 할 주요 문제로 채택된 다섯 문항 가운데 두 문항이 교육과 관련된 것이다. 그중 '사회 적응을 위한 한글·문

표 3-1　만 9세 미만 다문화가족의 낮 시간 자녀를 보살피는 방식(국적별)[14]

구분	어머니	조부모	어린이집, 유치원 등	양육 도우미	학원 및 공부방
중국	44.6	9.1	61.3	0.3	6.3
중국(한국계)	41.6	8.9	62	0.5	9.1
대만, 홍콩	66.9	9.3	49.2	0.8	9.3
일본	61	3.9	55.7	0.4	7.2
몽골	44.8	4.9	78	0	5.2
미국	70.7	7.2	50.6	8	3.2
캐나다	68.2	7.3	57	4.6	3.3

자료: 〈전국다문화가족실태조사〉에서 정리.

화 교육 서비스'는 가장 높은 비율을 차지했다.[15] '혼혈인 자녀를 위한 특별 교육 과정 지원'은 비율은 높지 않았지만, 역시 한 항목을 차지했다. 다른 항목이 취업 등 경제활동과 관련된 것인 반면 교육 및 사회적 편견과 관련된 요구가 높다는 점은 학교와 지역사회의 역할이 그만큼 중요하다는 것을 반증하는 것이라 보아야 한다. 중국어권 다문화 가정의 방과후학교 인지율은 70%에 조금 못 미치며, 이들 가운데 방과후학교를 이용하고 있는 비율은 59~67% 정도다.[16] 어머니 또는 조부모가 아이를 보는 비율을 국적별로 조사한 결과에 따르면 대만과 홍콩을 제외한 중국어권은 서구어권이나 일본어권에 비하여 유독 비율이 낮은 편에 속했다. 요컨대 다문화가족 가운데에서도 중국어권 어린이의 이중언어를 가정 내에서 유지해 주는 조건이 특히 열악하다고 보아야 한다.

다문화 학생의 비율이 점차 높아짐에 따라 일반인의 다문화 인식 제고, 다문화 교육 예비학교와 중점학교 및 연구학교 마련, 다문화 전담 코디네이터 배치, 편입학 시스템 정착 지원 등 다양한 다문화 관련 사업이 2012년경부터 활발하게 이루어지고 있다.[17] 2014년 기준으로 전국 초등학교 가운데 총 162개의 다문화 교육 중점학교가 있다. 한국어에 미숙한 중도입국 학생의 적응을 돕는 취지에서 한국어 위주로 가르치는 예비학교인 초등학교도 전국에 총 52개가 있다.[18] 최근에는 중국어와 한국어의 수준별 이중언어 교육 및 이중언어 인재육성을 위한 다문화가족 교육 강화와 같은 방안도 마련되어 있다(이재분 외, 2010). 이것이 한국 사회의 모습을 얼마나 바꾸어 놓을지 앞으로도 계속 관심을 가지고 지켜볼 일이다.

북한이탈주민의 자녀

이번에는 한-중 이중언어 어린이 가운데 특이한 경우를 소개하고
자 한다. 부모 중에 한 사람 이상이 북한이탈주민이어서 피치 못할 사
정으로 중국에서 지내는 동안 이중언어자가 된 어린이가 바로 이에
속한다. 이들은 북한에서의 원체험, 중국 등 제3국의 복잡한 상황 속
에서 잠정적 이주 체험, 한국에서의 새로운 문화 체험이라는 3단계가
겹치는 다중문화 체험자로서 스스로 정체성에 혼란을 겪고 있다(노귀
남, 2012). '새터민'으로 불리기도 하는 북한이탈주민은 2015년까지 약
3만 명에 이르렀다. 1990년대 이전만 하더라도 남성이 많았으나 최근
한국으로 들어오는 북한이탈주민은 80%가량이 여성일 정도로 성비
가 역전되었다. 연령별로 보았을 때에는 20~30대가 가장 많아서 절반
가량을 차지한다. 어린이도 전혀 없다고 할 수는 없다. 2014년에 정착
한 인원을 기준으로 보았을 때, 19세 미만은 전체 북한이탈주민 가운
데 약 16%를 차지했다.[19] 이들 중 유아의 비율은 상대적으로 낮고, 10
대 이후가 다수를 차지한다. 1990년 이전에는 10대 이하의 북한이탈
주민은 전혀 없었으나 최근에는 가족 단위가 상당수를 차지하면서 미
성년자를 동반하는 변화를 보이고 있으며, 한국도 이전에는 맞이해
보지 못한 이들에 대한 적절한 지원과 보살핌을 마련해야 할 입장이
되었다(이향규, 2007).

북한을 이탈한 주민들 가운데 북중 경계를 통하여 중국으로 먼저
이주한 이들은 대체로 재중동포가 거주하는 곳에 머물게 된다. 북한
이탈주민이 북중 경계 지대이자 변경(邊境)이라는 텍스트를 체험하지
않을 수 없는 이유는 바로 이 때문이다. 이곳은 문화의 접경지대이기
도 하지만, 바로 조선어와 중국어가 이중언어로 상용되는 이중언어

지대이기도 하다. 북한이탈주민에게 이곳은 조선어에서 시작하여 조선어와 중국어, 한국어가 줄지어 있는 언어적 통과의례가 행해지는 장인 동시에 앞으로 나아갈 한국어라는 터널의 끝이 비로소 보이는 일종의 숨통이기도 하다. 한반도를 둘러싼 이 복잡한 중첩의 언어 상황을 북한이탈주민이야말로 자의와는 상관없이 생생하게 경험할 수밖에 없다.

한국에 도착한 북한이탈주민은 한국에서의 적응을 위한 교육 이수, 취업 등 경제활동에 곧바로 돌입하는 경우가 많다. 사정이 이렇다 보니 돌봄이 필요한 유아와 초등학생의 교육을 힘겨워하는 경우가 적지 않을 것으로 짐작된다. 이들을 돕는 각 지역단체별 북한이탈주민지원 지역협의회와 숭의동지회[20] 등이 있지만 교육의 문제는 어디까지나 개인의 선택이며, 현재 자녀 교육에까지는 경제적 지원이 전적으로 이뤄지고 있지 않아 초등학생 이하는 북한을 이탈했다 하더라도 중국에 두고 오는 경우마저 있다.

박심화(여, 44, 종업원, 가명)는 다행히 그런 경우는 아니지만, 아이가 한국 학교에서 제대로 적응하지 못할까 봐 걱정이 많다. 자신의 억양을 듣고 일하는 곳에서 손님들이 간혹 조선족이냐고 질문을 던진다. 자신에게는 어떤 질문을 해도 참을 수 있지만, 아이만은 새터민이나 조선족 이야기를 듣지 않게 하고 싶다고 한다. 실제로 중국어도 약간은 구사할 수 있고, 자신이 굳이 말을 하지 않으면 차라리 조선족일 것으로 다른 사람들은 생각한다. 어차피 북한이탈주민의 자녀가 중국에서 교육 혜택을 어렵게 받는다 해도 한국에서는 그것을 인정하지 않는다는 사실을 알고 있었기 때문에 아이는 중국에 머무르는 동안 교육기관에 넣지 않았다. 그래서인지 중국어를 가르쳐야겠다는 생각은 한국에 도착하기 전에는 해 본 적이 없다고 한다. 한국에 도착해서는 아이를 돌보는 것이 힘들어서 다른 사람들처럼 차라리 중국에 두고 올걸 하는 생각도 했다고 한다.

다른 연구 논문 속의 인터뷰에서도 "북한은 북한대로 도와야지, 중국에 아(이) 있는 거 도와 줘야지, 지금 같아서는 어떤 때는 대한민국에 사는 것 힘들어서 다시 중국에 돌아가 살고 싶어요", "부모형제들과 떨어져 산 지 10년이 되었는데, 왜 난 자식과도 떨어져 살아야 하는 운명인가. (중국에 있는) 아이가 많이 아파……"(유해숙, 2009: 369, 371)라는 대목이 나온다.[21] 이별의 아픔은 말할 것도 없지만, 이외에도 북한에 있는 가족들은 물론 중국에 두고 온 아이를 위해서도 별도로 송금해야 한다는 등의 내용이다.

북한을 이탈하여 한국으로 들어오기까지 6개월~4년 정도가 걸리는 상황인지라[22] 대체로 이 정도의 기간 동안 북한이탈주민들은 조선어와 중국어의 이중언어 상태에 노출된다고 볼 수 있다. 어린이에게 교육 기회를 제공해야 하는 상황이라면 선택의 상황은 더욱 절박할 수도 있다. 외래어까지도 극도로 자제하는 폐쇄적인 단일언어권에서 조선어라는 한 언어를 주로 사용하던 모노링구얼(monolingual)이 집단적 바이링구얼로 급전환하는 경험을 하지만, 이것은 결코 주동적 선택이라 볼 수 없다. 중국인조차 호구 문제로 자녀의 교육 문제에 어려움을 겪고 있는 상황에서 북한이탈주민에게 이중언어는 교양의 문제가 아니라 생존의 문제다. 그러다가 최종 목적지인 한국으로 들어왔을 때 한국에서 겪게 되는 언어와 문화 차이는 또 다른 충격으로 받아들여질 수 있다.

북한이탈주민의 아이를 위한 대표적인 학교로는 서울 서초구의 두리하나국제학교를 비롯하여 각 시도별로 소규모의 대안학교가 있다. 이들 학교는 북한이탈주민의 자녀가 겪었을 조선어와 중국어 이중언어 상태를 고려하기보다는 한국어와 한국 문화에 대한 빠른 적응을 목적으로 특화하고 있다.

그동안 북한이탈주민에 대한 연구는 주로 성인에 초점을 맞추고 있었으나 이들 못지않게 이제 이들의 미성년 자녀에게 관심을 기울여야 할 시점이 되었다.[23] 여기에는 특히 단절된 학업을 이어갈 수 있도록 하는 것이 시급하다(김영하, 2010). 그런데 이들의 상황을 고려하여 북한 또는 제3국에서의 학업을 한국의 환경으로 바로 이식시키는 것보다는 그 사이에 이들이 겪었던 이중언어 상태를 이해하는 과정을 넣는 것이, 교육을 하는 사람에게도 또한 교육의 대상인 학생과 그들의 가족에게도 필요하다.

화교 가정의 어린이

1992년 한중 수교 이후 한국으로 유입된 화교를 '신화교', 19세기 임오군란 이후 대개 중국 산둥 지역에서 유입된 이들을 '구화교'라 부르기도 하는데(박종한·김석영·양세욱, 2012; 여병창, 2013), 이 책에서는 '구화교'만을 화교라 부르도록 하겠다. 한국에 거주하는 화교는 전 세계적으로 '화교'라 불리는 사람들과는 다른 양상을 보인다. 전 세계적으로는 중국의 동남 지역 출신이 화교의 다수를 이루고 있다.

역사적으로 이들은 한국에서 1931년 완바오 산(萬寶山) 사건[24]이 일어난 이후에도 1948년 화교의 신규 이주 금지, 1950년 창고 봉쇄 조치, 1961년 외국인 토지 소유 금지, 1970년대 자장면 값 동결 및 중국집 내 쌀밥 판매 금지 등 경제적인 타격을 지속적으로 입었다. 교육 방면에서도 어려움을 겪었다. 특히 1950년대 이후 1990년대까지 귀화를 억제하고 화교 학교를 임의 단체로 규정함[25]으로써 교육, 취업과 진학 등에 모두 불이익을 받을 수밖에 없었다(여병창, 2013: 273).

한국 내 화교 가정의 어린이는 부모가 양쪽 모두 화교인 경우와 한쪽만이 화교인 경우로 나뉘는데, 가정 내 상황과는 상관없이 7세 이전부터 이중언어 상황에 자연스럽게 노출되어 이중언어 어린이가 되며, 정체성 면에서는 자신이 화교라고 느끼는 경우가 대다수다(여병창, 2013; 이재균·장봉충, 2007). 이러한 상황에서 화교 가정의 어린이에게 한국어와 중국어의 섞어쓰기는 단순하게 필요한 어휘를 중간에 섞어서 사용하는 차원을 넘어선다(엄익상·한종호·김순진, 1997).

한성화교학교에서 오랫동안 교장을 재임한 사람의 인터뷰 내용을 보면 한국 화교는 세대를 거듭할수록 언어 사용 양상이 한국어 쪽으로 기울어지고 있음을 확인할 수 있다. 특히 어머니가 한국인이고 아버지가 화교일 경우 이런 경향이 더욱 심하여 학교생활에 지장을 끼칠 정도가 되기도 한다. 때문에 화교 학교에서는 중국어 구사 능력이 없는 한국인 어머니들에게 중국어를 교육하는 방안을 마련했다고 한다(손수의, 2007).

한국의 화교는 90% 정도가 중국 산둥 지역 출신이다. 중국이 공산주의국가가 되고 한국은 반공주의를 표방하는 등, 양국이 모두 20세기에 격동기를 거치면서 이들은 그 어느 곳에도 온전히 속하지 못했다. 한국인이 즐겨 먹는 중국 음식 가운데 '라조기'나 '깐풍기'의 '기'는 모두 '닭'을 뜻하는 것으로, 푸퉁화 발음으로 보자면 'jī(鸡)'이기 때문에 우리말로는 오히려 '지' 발음에 더욱 가깝다. 하지만 산둥 출신의 화교가 중국 음식점을 경영하는 경우가 많았기 때문에 음식 이름도 이처럼 방언으로 발음한 것이다.

그런데 한국 화교는 1세대가 대부분 산둥 출신임에도 대만을 국적으로 선택하고 교육 역시 대만식을 따르는 과정을 겪어 왔다. 한국 화교가 중국 음식을 발음하는 것과는 달리 글을 읽을 때에는 푸퉁화를 쓴다는 이야기가 널리 퍼져 있다. 이 점에 대해서는 중국어 자체가 문백이독의 차이가 워낙에 큰 언어라는 사실이 작용한다. 한 연구에 따르면 한국 화교는 교과서 역시 대만에서 제공하는 것을 사용하기 때문에 글로 읽을 때에는 대만의 표준어인 궈위로 배우는데, 궈위가 푸퉁화와 워낙 비슷하게 들려 이러한 오해를 낳은 것이다(엄익상·김현정·정미숙, 1997).

한국 화교는 한국민으로의 동화를 의미하는 '동등권', 그리고 한국민들과의 이화를 의미하는 '특권'이라는 두 가지 선택 사이에서 자기 나름대로 삶의 방식을 이어 가고 있다. 한국 화교는 외국인 특례 입학으로 한국의 대학교까지 큰 어려움이 없이 진학할 수 있지만, 그 이후에 한국 학생과의 경쟁에서 뒤쳐질 수밖에 없는 현실을 우려한다. 최근에는 한국 사회에서 중국어 실력이 경쟁력을 띠어 자식을 낳더라도 한국 학교가 아닌 화교 학교로의 진학을 원하는 경향이 있다. 그러나 이들의 실질적 정체성은 중국보다는 한국에 가깝다고 볼 수 있다. 사실 한국, 중국, 대만 그 어느 나라에도 뚜렷한 귀속의식을 보이기 어려운 상황에서 미국으로 이민을 간 한국 화교는 차이나타운이 아닌 코리아타운에 정착하여 살아간다. 미국의 화교가 대체로 광둥 등 남방 출신이기 때문에 산둥 출신인 한국 화교 출신과는 의사소통에 어려움이 있을뿐더러, 기존의 차이나타운 출신 화교의 배타적인 태도에 적응하기가 어려운 것이다(박준형, 2007). 그 이면에는 무엇보다 교육 문제가 도사리고 있을 수도 있다. 미국 내 화교 사회 학교에는 학생들 사이에 나름의 또래 집단 압력(peer group pressure)이 형성되어 있을 것이기 때문이다.

한국어가 모국어인 어린이

언제부터인가 한국에서는 다문화 어린이만을 이중언어 어린이로 보는 경향이 있다. 아무래도 이들이 전형적인 모습처럼 보이기 때문일 것이다. 그런데 실상은 반드시 그렇지만은 않다. 거기에다 한-중 이중언어 어린이의 경우만 보아도 최근 중국과의 교류가 잦아지면서 중국에서 귀국한 어린이의 숫자가 크게 늘고 있다. 더불어 중국어를 사용하는 환경에 한 번도 처한 적이 없지만 순수한 제2외국어로서 중국어에 관심을 보이며 이에 시간을 투자하는 어린이의 비율도 가파르게 증가하고 있다. 중국이 강대국이 된다는 언론 보도에 부화뇌동하여 '묻지 마 중국어'를 쫓는 경우도 적지 않다.

언젠가 한번은 아이에게 주말마다 중국어를 가르친다는 한 학부모가 아이의 중국어가 통 늘지를 않는다며 말문을 열었다. 필자가 중국어를 가르칠 생각을 어떻게 했냐고 물어보았더니, "중국은 잘살잖아요. 미국하고 같이 G2이고"라고 답했다. 중국이 잘산다는 것은 무슨 의미이며, 중국은 언제부터 G2인가.

버락 오바마(Barack Obama) 미국 대통령이 2009년에 방중할 당시 세상에 처음 내 놓은 것이 바로 G2, 즉 Group of two라는 이름의 카

드다. 그런데 당시 원자바오(溫家寶) 총리는 이를 슬쩍 부인한다. 원 총리에 따르면 중국이 추구하는 것은 미국과만 짝하는 세상이 아니라 세상의 다른 나라들과 함께하고 싶다는 다중 축, 즉 멀티폴(multipole)이기 때문이다. 미국은 대통령이 직접 찾아가 제안한 것인데, 면전에서 보기 좋게 차인 것이나 다름없다. 그럼에도 그 직후 세상에서는 G2라는 표현이 거침없이 사용되기 시작했다.[26] 하지만 이 표현을 사용하기에 앞서 중국이 잘사는 것과 중국에 있는 특정인이 잘사는 것은 다른 문제요, 중국을 G2라고 부르는 것과 중국이 스스로를 G2라고 인식하는 것 역시 다른 문제임을 유념해야 한다.

중국이 최근 경착륙이다 연착륙이다 논쟁 속에서도 여전히 성장을 이룩하고 있는 것은 사실이다. 중국의 최근 약 10년간은 그야말로 '변화의 절정'이라 할 수 있다. 이 시기 동안 《뉴요커》지의 중국 특파원이었던 오스노스(Evan Osnos)의 표현을 그대로 빌리면 "영국의 산업혁명보다 규모 면에서 100배 크고 속도 면에서 10배 빠른 변화"가 일어났고, 건설 속도는 "다른 모든 나라를 합친 것보다 더 빠른 속도로 철도와 공항을 건설하고 있는 나라"다. 1978년 165달러였던 중국인의 평균소득이 2014년 6,000달러에 이른 것이 미국인의 눈에는 경이로울 수밖에 없을 것이다.[27]

그렇다면 한국은 어떠한가. 한국은 1978년 1인당 국민소득이 1,443달러로 이미 중국보다는 7배 이상 높았다. 그랬던 것이 2014년에는 2만 8,180달러에 이른다.[28] 중국이 같은 기간 30배 이상 성장했다고 하지만, 중국보다 더 높은 수치에서 시작한 한국 역시 같은 기간 동안 20배나 성장했다. 바깥에서 본다면 둘 다 아찔할 정도로 매우 드라마틱한 성장과 변화의 절정을 맞이한 셈이다. 이런 놀라운 발전 속도는 우리 삶에 뜻하지 않는 결과를 불러왔다. 20배 성장의 속도로 달리는 한국 사람들이 30배 성장의 속도로 달리는 중국을 차분하게 평가할 수가 없다.

이런 사정 때문인지 필자가 속된 표현으로 '묻지 마 중국어'라고 부르는 현상 또한 여기저기에서 포착되고 있다. 아직 정확한 통계가 발표되지 않았지만 출판 관계자의 귀띔에 따르면 지금 어린이 중국어 교육과 관련 시장은 그 성장세가 상상을 초월할 정도다. 한국의 대형 서점에서 검색해 보면 중국어 교육 관련 서적 수보다 일본어 교육 관련 서적 수가 아직 더 많다. 그런데 어린이용은 중국어가 일본어의 네 배가량 많다. 이를 두고 어찌 '묻지 마 중국어'라는 표현을 쓰지 않을 수 있겠는가. 심지어 언론에 보도된 성북동의 한 고급 유치원은 이름이 "MeiHome(美Home)"이다.[29] 광고 없이도 원생이 알아서 찾아오는 이 유치원은 이름만 보아도 중국어와 영어를 함께 가르치는 다중언어 유치원임을 알 수 있다.

한국 초등학생의 경우 사교육을 받는 비율은 81.1% 정도다.[30] 도시 지역에서 사교육을 받지 않는 초등학생은 없다고 볼 수 있을 텐데, 그 중 중국어를 선택하고 있는 학생의 비율이 급속도로 증가하고 있음은 말할 나위가 없다. 김규진(2012: 59~61)에 의하면 현재 한국에서의 어린이 중국어 교육은 일부 사립학교를 제외하고는 정규교육보다 방과후학교나 학원 등의 사설 시설에 의존하고 있는데, 이 비율도 이미 상당하다. 2010년을 기준으로 했을 때 전국 2,600개 이상의 국공립 초등학교의 방과후교실에서 중국어를 개설한 것으로 보고되었다.[31] 웬만한 중소도시 이상의 초등학교 방과후학교에서는 중국어 교육이 이루어지고 있다고 볼 수 있다. 그뿐만 아니라 중점 사업으로서 외국어 강화 사업을 확대하는 정부교육기관도 점차 늘어나고 있으며, 학교장 재량으로 정규 수업 시간에 중국어를 가르치는 공립 초등학교도 차츰 생겨나고 있다.

현재 고등학교 과정에서는 제2외국어로서 중국어를 선택하는 비율이 한편으로는 줄고 다른 한편으로는 늘고 있다. 2011년과 2013년의 통계를 살펴보면 중국어1을 선택하는 학교의 비율은 늘었고, 중국어2를 선택하는 학교의 비율은 줄었기 때문이다. 제2외국어로서는 여전히 1위의 지위를 차지하고 있는 일본어가 일본어1과 일본어2에서 모두 비율이 준 것과 비교하면 조금 나은 것처럼 보이는 착시 현상을 불러일으키기도 한다. 그러나 이는 수능 점수와 관련된 각 학교의 입시 전략과 연계된 부분이므로 오해가 없어야 할 것이다. 단지 중국어 수능 문제가 점점 어려워지고 있다는 이유로 중국어 과목을 기피하는 경향도 있기 때문이다. 반면 초등학생 이하의 어린이는 성적과 직결되는 활동으로 중국어를 선택하는 것은 아니므로 고등학교와 차이를 보일 수 있다.

04
누가 한-중 이중언어 어린이인가: 중국의 예

　　중국의 한-중 이중언어 어린이는 누구이며 이들의 규모는 얼마나 될까? 중국어를 사용하는 지역에 거주하고 있는 한국인 체류자의 숫자는 36만 명가량 된다. 시민권자와 영주권자를 합치면 약 260만 명이다.[32] 이는 해외 국적을 취득한 해외동포를 비롯해 유학생이나 일반인 및 영주권자 등 재외국민이 포함되어 있는 수이다.

　　2010년 실시된 중국의 제6차 전국인구조사에 따르면[33] 중국에서 이른바 '조선족'이라 부르는 재중동포의 수는 200만 명에 조금 못 미

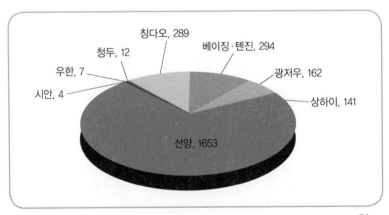

그림 3-1 　주중 한국 대사관별 재외동포 숫자(단위 천 명, 2013년 기준)[34]

* 주중대사관은 베이징과 톈진 이외에도 허베이, 산시, 칭하이, 내몽골, 신장과 시장 자치구도 포함한다.

치는 수준이었다. 한국어가 포함된 이중언어권 가운데 중국어권은 규모와 집중도 면에서 결코 무시하지 못할 곳이다. 중국 내 여덟 개 대사관에서 나온 자료를 바탕으로 중국 내 각 지역별 동포의 숫자와 비율을 살펴보면 〈그림 3-1〉과 같다. 그렇다면 이 동포 가정의 어린이를 교육할 수 있는 교육부 인가 교육기관은 얼마나 될까.

중국에서 한국어를 구사하는 잠재 인구가 200만 명 이상인데도 이들이 이용할 수 있는 인가 유치원 또는 초등학교 수준의 교육기관 숫자가 불과 14개교이며, 여기에서 혜택 받을 수 있는 학생 수는 모두

표 3-2 중국어권 재외 한국학교별 유치원 및 초등학교 학생과 학급 수(2015년)[35]

	유치원생 수	유치원 학급 수	초등학생 수	초등학교 학급 수
북경한국국제학교	59	5	496	17
천진한국국제학교	143	6	378	15
상해한국국제학교	–	–	581	22
무석한국학교	52	3	161	7
소주한국학교	–	–	72	6
홍콩한국국제학교	25	2	68	6
연대한국학교	–	–	249	12
칭다오청운한국학교	77	5	303	12
대련한국국제학교	5	1	107	6
선양한국국제학교	45	3	79	6
연변한국학교	–		38	6
광저우한국학교	–	–	105	6
타이뻬이한국학교	6	1	36	6
까오슝한국국제학교	12	1	45	6
합계	424	27	2,718	133

* 교명은 고유명사이므로 외래어표기법을 적용하지 않음.

합치면 겨우 3,000명가량이다. 현재 한국학교의 병설유치원이라든가 재중 한국인 교민단체를 중심으로 한 사립 교육기관이 설립되어 운영되고 있다. 하지만 수용 인원이 워낙에 부족하여 극히 일부만이 이들 학교에서 교육을 받는다고 볼 수 있다. 사정이 이렇다 보니 중국 거주 재외 한국인 가운데 자녀 교육을 위해 현지에 교육기관을 직접 설립하여 운영하는 경우도 있다. 교육기관과 관련된 문제는 재중 한국인 학부모의 큰 관심사 중 하나다. 김소영(2013)에 따르면 최근 이들 학교가 한국인 유치원 교사를 채용하고자 하여 국내 유치원 교사의 중국 진출도 늘어나고 있다. 한편, 최기수(2010)는 홍콩과 옌타이 등 몇 군데의 학교를 제외한 나머지의 경우 일시 체류자 가정 학생의 비율이 압도적으로 높은 것이 재중 한국학교의 특징이라고 보았다.

중국어권의 재외 한국학교는 이보다는 숫자가 많다. 총 75개교에 약 6,500명의 학생이 있다.[36] 하지만 이 역시 중국어권에 있는 한국어 사용 가능 어린이를 수용하기에는 턱없이 부족한 수치임에 틀림없다. 그렇다면 나머지 어린이에 대한 교육은 어떻게 이루어지는가.

정보애(여, 47, 주부, 가명)는 중국에 머무르는 동안 주변에서 평판이 좋기로 소문이 난 중국 학교에 아이를 입학시켰던 경험담을 이야기하면서, 의외로 중국 학교 측이 원하는 특별한 조건은 전혀 없었다며 놀라워했다. 아이가 중국어를 전혀 할 줄 모르는 상황에서 입학했고, 중국어 능통자가 아닌 경우에 별도로 특별반이 마련되어 있는 것도 아니었지만, 2년 남짓을 지나고부터는 아이가 학교수업을 따라가는 데에 큰 어려움이 없었다. 정보애 본인이 느끼기에 성공의 요인은 중국의 어문, 즉 우리의 국어에 해당하는 교과 과정이 반복과 암기 위주였기 때문이라고 한다. 끊임없이 쓰고 외우게 하는 방식은 특별한 기초 지식이나 추가적인 보충 학습이 없이도 학생이 충분한 시간만 들이면 목표량을 따라갈 수 있게끔 한다는 것이다.

아이가 중국 학교에서 성공적으로 적응할 것인가의 여부는 물론 개인의 노력에 달렸겠지만, 중국 교육 과정이 한국에 비하여 12세 이전에 반복과 암기를 중시한다는 특징은 많은 학부모에게서 확인할 수 있는 공통 의견이기도 하다. 현재 한국의 대학에서 근무 중인 팡(方) 교수는 자기 아이가 중국의 소학교에 다녔을 때에는 쓰기에 대한 숙제 양이 지나치게 많았다고 회고하기도 했다. 한편, 반복 암기와 다량의 숙제 등을 수행하는 데 이미 익숙하기 때문에, 한국으로 돌아오게 되었을 때에는 아이가 상대적으로 학업량에 대한 심리적 부담을 덜 느꼈을 것이라 평가하기도 했다.

동북 3성, 중국 속의 퀘벡

중화인민공화국헌법 제4조 제4항에서는 "각 민족이 모두 고유의 언어와 문자를 사용하고 발전시킬 자유가 있으며, 자신의 풍속과 습관을 유지 또는 개혁할 수 있는 자유도 가진다"라고 명시하고 있다. 중국 교육부는 전국민족교육과학연구계획(2014~2020)에 따라 민족 교육에 이중언어 교육이 중요한 부분임을 천명하며, 이를 질적으로 더욱 강화하겠다는 계획을 2014년에 공포했다.[37] 그러나 이러한 계획에도 불구하고 한-중 이중언어 어린이의 숫자는 점점 줄어들고 있다. 그뿐만 아니라 이들의 심리적인 문제가 단순한 개인 차원의 문제가 아닌 사회 차원의 문제임을 지적하는 의견이 계속 제기되고 있다.

재중동포가 가장 많이 거주하고 있는 동북 3성인 지린, 랴오닝, 헤이룽장 성은 최근 중국의 평균 경제성장률인 7%를 훨씬 밑도는 1~5%

대를 기록하고 있어 경제적으로도 큰 어려움을 겪고 있다.[38] 2015년 7월에 시진핑(習近平) 주석이 옌볜을 방문한 배경에 관심이 집중되는 것은 바로 이런 이유라고 보도되기도 했다.[39] 이곳에서는 과연 어떤 일이 일어나고 있으며 이곳 주민과 어린이의 언어생활에는 어떤 영향을 끼치고 있는 것일까.

재중동포 어린이의 언어생활에 가장 부정적인 요인은 언어 공동체의 급격한 변화다. 도시로의 이농과 출국은 가장 대표적인 예다. 이로 인하여 재중동포가 집중 거주하던 지역에서조차 조선족 학교 수가 급격하게 줄고, 교사가 직종을 바꾼다거나, 한족 학교를 선호하는 현상이

> 언어 공동체(language community) _ 지역, 직업, 계층, 연령, 성별, 언어 환경 등에 따라 공통의 음운, 차용어의 종류, 말투, 또는 언어 태도를 보이는 사람들의 집합체

연쇄적으로 일어나고 있다. 이는 1980년대와 1990년대에 대학에 입학하고자 하는 소수민족 입시생에게는 민족 언어로 시험을 볼 수 있고 점수까지 추가해 주는 등의 혜택을 주어 조선어 교육의 전성기가 있었던 것과는 매우 상반되는 결과다. 당시의 시대 상황은 현재와 더욱 대

> 소수민족(minority) _ 사회적 다수에 대응하는 개념으로, 현재 중국 사회에는 다수인 한족(漢族)과 55개의 소수민족이 공존함

조적이다. 1978년 문화대혁명이 막을 내리면서 소수민족 정책이 회복됨에 따라 조선족은 조선어와 중국어를 동시에 배울 수 있도록 배려하는 정책을 실시할 수 있었고, 이것이 전성기로 이어질 수 있었던 것이다(김병운, 2007). 그러나 이제 이와 같은 특혜는 없어졌다.

재중동포가 가장 많이 거주하는 옌볜의 경우, 2000년 이후 인구 변화에서 도드라지게 눈에 띄는 것은 인구 감소와 고령화라고 한다(김두섭·류정균, 2013).[40] 옌볜의 실제 통계 수치를 살펴보면 변화 속도는 놀라울 따름이다. 1990년에 조선족 초등학교가 228개교였던 것이,

2005년에는 50개교로 줄어들었다. 초등학교 학생 수는 같은 기간 동안 8만 762명에서 2만 1,930명으로, 역시 4분의 1 수준까지 줄어들었다. 양적인 차원뿐만 아니라 질적인 차원에서도 심각한 문제를 안고 있다. 우선 전문직 교사가 임시직 교사로 대거 충당되었으며, 전체 학생의 30% 이상이 별거 가정일 정도로 별거 가정의 비율이 증가함에 따라 가정교육의 결여와 성적 저하는 물론, 학교에서도 별도로 심리 상담이 필요할 지경에 이르렀다는 것이다(이계란, 2010).

옌볜 조선족 자치주 농촌의 중소학교 상황은 더욱 열악해 1989년에 188개였던 초등학교가 2002년에는 단 두 개가 남았다고 한다. 산발 거주지도 비슷한 상황이라 지린 성 지린 시에서는 1989년에서 2004년 사이에 여러 농촌 학교를 통폐합하기에 이르는데, 이 과정에서 총 137개교였던 것이 26개교로 줄었다. 헤이룽장 성은 성 전체에 거주하는 재중동포 숫자가 약 45만 명인데, 1998년에 초등학생이 총 3만 5,422명이 있었으나 2005년에는 5,000명 수준으로 줄어들었다고 한다. 학생 수가 채 20명도 되지 않는 학교가 20개교 이상이어서 겨우 80개 남은 초등학교도 조만간 통폐합되지 않을 수 없는 상황이다.

중국의 조선족 학교는 사실상 가장 완벽한 형태의 한-중 이중언어 학교라 해도 과언이 아니다. 그런데 이처럼 빠른 속도로 학생 수가 줄어들고 학교가 통폐합되는 동시에 한국어 어문의 강의 시간이 대폭 줄어들었다.[41] 반면 중국어 과목은 강화되어, 조선어 학교 가운데에도 중국어 교재를 그대로 가져다 사용하거나 아니면 수업 용어 자체를 중국어로 바꾸는 경향이 강해지고 있다. 옌볜 지역 등에서 한족 출신 교사가 여러 학과목 강의를 전담하는 추세를 보여, 한국어는 조만간 제2외국어로 전락할 것이라고까지 전망되고 있다(김병운, 2007).

이러한 언어 환경 속에서 중국 내에서 조선족으로 등록이 되어 있는 어린이라 하더라도, 교육 환경의 급격한 변화 때문에 균형적인 이중언어자로 성장할 수 있는 기회를 잃고 있는 셈이다. 그리고 한번 없어진 학교를 다시 지을 만한 명분도 동력도 사라진 이상, 한-중 이중언어 어린이를 중국 동북 지역 학교에서 교육해 내던 전통은 생각보다 빨리 사라지게 될 것이다. 우리는 최상의 조건을 갖추고 있었던 한-중 이중언어 환경이 이렇게 몰락하고 있는 줄도 모르는 채 떠나보내고 있다. 이와 상황이 유사했던 지역으로 캐나다의 퀘벡을 들 수 있다. 퀘벡에서는 영-불 이중언어 환경을 지키기 위하여 어떤 노력을 했으며 그러한 노력이 어떤 성과를 거두었는지, 제4부에서 살펴보도록 하겠다.

타 지역으로의 디아스포라

이제 중국 내 재중동포의 디아스포라와 그로 인한 한-중 이중언어 어린이에 대한 영향에 대하여 한 번 살펴보자. 최근 동북 3성을 벗어나 대도시와 연해 지역을 중심으로 한 재중동포 밀집 현상이 곳곳에서 포착되고 있기 때문이다. 권태환(2006)에 따르면, 대표적인 곳으로는 베이징, 톈진, 산둥을 들 수 있다. 내몽골 쪽도 1990년 이후 재중동포의 이주가 늘었다.

중국 내 재중동포는 주로 동북 3성 지역에 밀집해 있지만 1980년대 이후 지역적 분산이 시작되어 1990년대에는 그 추세가 더욱 강화되었다. 즉 동북 3성 이외의 지역으로 이동하는 현상이 증가한 것이다. 동북 3성 가운데에서도 인구 유출이 가장 큰 지역은 헤이룽장으로, 인구 비율이 1982년에 24.5%이던 것이 2000년에는 20.2%로 줄어들었다.

표 3-3 중국 내 재중동포 인구의 지역 분포, 1982-1990-2000-2010

지역	1982		1990		2000		2010	
	인구수	비율	인구수	비율	인구수	비율	인구수	비율
합계	1,765,240	100	1,923,361	100	1,923,842	100	1,830,929	100
동북 3성	1,733,967	98.23	1,868,377	97.14	1,775,198	92.27	—	—
지린	1,104,071	62.55	1,183,567	61.54	1,145,688	59.55	—	—
헤이룽장	431,644	24.45	454,091	23.61	388.458	20.19	—	—
랴오닝	198,252	11.23	230.719	11.20	241.052	11.87	—	—
옌볜	754,706	42.75	821,479	42.71	842,135	43.77	—	—
옌지	91,086	5.16	171,465	8.91	228,401	12.9	291,639[42]	15.98
베이징	3,905	0.22	7,710	0.40	20,369	1.06	37,000[43]	2.02
톈진	816	0.05	1,820	0.09	11,041	0.57	—	—
내몽골	17,580	1.00	22,173	1.15	21,859	1.14	—	—
허베이	1,737	0.10	6,713	0.35	11,783	0.61	—	—
상하이	462	0.03	742	0.04	5,120	0.27	—	—
장쑤	—	—	963	0.05	5,048	0.26	—	—
산둥	939	0.05	3,362	0.17	27,795	1.44	—	—
광둥	—	—	611	0.03	10.463	0.54	—	—

자료: 권태환(2006: 25)에서 재구성, 2010년 통계는 중국 국무원 사무실(国务院人口调查, 2012)에 근거.

* 현지 조사 결과에 따르면 1982·1990·2000의 통계 수치는 실제 거주 인구수에 훨씬 못 미치는 것으로 평가된다(권태환, 2006: 26).

〈표 3-3〉은 중국 내 재중동포 인구의 지역 분포를 보여 주는 것이다.[44]

중국 국무원에서는 정기적인 총인구조사 통계를 내고 있다. 이에 따르면 2010년 중국 내 재중동포의 전체 숫자는 183만 929명이다. 이 가운데 6세 이상인 재중동포 인구수는 176만 4,882명이며, 6세 이상 미취학인 아동은 2만 2,789명, 초등학생은 23만 6,872명이다.[45] 〈표 3-3〉에 나타나는 가장 큰 특징으로는 세 가지를 들 수 있다. 첫째, 전통적으로 재중동포 마을이 없었던 다른 성에서 재중동포 인구가 늘었다는 점이다. 특히 산둥 성, 베이징, 톈진, 광둥은 빠른 성장률을 보이는데, 산둥 성에는 칭다오, 옌타이, 웨이하이 등의 연해 도시들이 있고, 광둥에는 광저우(廣州)와 선전(深圳) 개발구가 있다.[46] 단일 규모로는 베이징과 톈진을 묶는 대도시권이 가장 클 것으로 예상되고 있다.

둘째는 기존의 재중동포 거주지 내에서의 대도시 중심으로의 인구 편중 양상이다. 동북 3성 가운데에는 유일하게 랴오닝에서 최근까지 재중동포 인구가 늘었는데, 이 지역에 선양과 다롄이라는 대도시가 있기 때문으로 볼 수 있다(권태환, 2006: 33). 지린 성 전체의 재중동포 인구는 줄고 있지만, 유독 옌지 인구가 지속적으로 늘고 있는 것 역시 마찬가지 현상으로 해석할 수 있을 것이다.

마지막 한 가지는 〈표 3-3〉에서는 정확하게 나오지 않지만 1990년대 중반 이후 약 30여 개국 해외로의 취업 이동으로, 이 가운데 가장 중요한 것이 한국으로의 노동 이동이다(같은 책: 33; 37~38; 155).

신중국 건설 이후 재중동포 인구는 지속적으로 증가하다가 1990~2000년 사이 192만 4,000명에서 정점을 기록한 후 성장을 멈추었다. 이뿐만 아니라 옌볜 지역에서는 1996년 이후 재중동포 인구의 자연성장이 마이너스로 돌아섰다고 하는데, 이는 옌볜의 경우가 중국 재중동포 사회 전체에 적용된 것으로도 이해할 수 있다(같은 책: 33). 즉 재중동포 사회가 기존의 거주지에서 차츰 세력을 잃고 있는 것이다. 또한 같은 성 내부라 하더라도 대도시로, 혹은 중국 내의 다른 지역으로 디아스포라가 여전히 진행 중이다.

아동 한국어 교육의 냉랭한 기류

한국에서 아동용 중국어 교재 판매 또는 중국어 유치원, 중국어 학원, 중국어 방과후학교 등 중국어 교육의 열기는 점점 거세져 가고 있다. 이에 대응할 만한 중국 아동의 한국어 교육은 어떻게 이뤄지고 있을까. 이것은 열풍은커녕, 한마디로 미풍 수준에도 못 미친다고 보면 된다. 성인용 교재는 한국에서 만들어진 것이 계속 번역되어 출간되기도 하고 또 중국의 대학출판사 등에서 직접 제작한 것도 꾸준히 출시되고 있다. 베이징대학에서도 초급자를 위하여 "가나다 코리언"이라는 제목으로, 조선어가 아닌 '한어(韓語)', 다시 말하자면 한국어 교재를 내놓고 있다. 하지만 어린이를 위한 한국어 교육은 냉랭하기만 하다.

요즘 중국의 어느 서점을 가더라도 베스트셀러 혹은 가장 눈에 잘 띄는 곳에는 어린이 영어 관련 책이 비치되어 있다. 인터넷서점에서도 어린이용 영어 교재와 관련된 광고가 팝업 창으로 자주 등장한다. 스마트 기기를 이용한 고가의 교구 시장 역시 달아오르고 있다. 영어에는 턱없이 밀리지만 다른 언어에 대한 다양한 교재도 구비는 되어 있다. 외국어에 대한 열망이 중국 시장에 깔려 있음을 방증하는 것이다.

한국어 쓰기 교재가 현재 여러 종이 출간되어 판매되고 있는 점도 특이하다. 한국 어린이를 대상으로 한 중국어 교육은 말하기 위주로 되어 있다. 반면 중국에서는 한국어를 이해하여 작문하는 쓰기 교육을 시키는 것이 아닌, 그보다 훨씬 초보적인 자모 쓰기 단계의 한국어 교재를 상당수 내놓고 있다. 이는 반드시 어린이를 겨냥한 교재는 결코 아니고, 오히려 한국어를 배우고자 하는 성인까지도 염두에 둔 교재다. 한국에서 한자 쓰기 교재류가 대체로 어린이를 대상으로 하는 것과는 매우 다른 양상이다. 교육 내용으로 보면 중국 내에서 한국어와 아무런 상관이 없는 어린이 가운데 한-중 이중언어자가 나올 것을 기대하기란 당분간은 어렵다는 이야기다.

중화권 동포를 모두 합치면 260만 명(제2부 주32 참조)이나 되는데, 이 숫자는 유럽연합으로 치면 리투아니아어라는 공식 언어 사용 인구에 상당하는 규모다. 유럽연합에서는 총 24개 공식 언어를 지정하고 있는데, 문서와 본회의 자료는 모든 공식 언어로 번역되는 것이 원칙이다.[47] 어디 그뿐인가, 한국어는 현재 전 세계에서 사용자가 열세 번째로 많은 언어다.[48] 한국어가 이 정도로 규모가 큰 언어임에도 앞에서 언급했듯이 동북 3성에서는 한국어 교재가 없어 중국어 교재로 대체하는 비율이 점차 늘어나고 있다. 특히 어린이 한국어 교육과 관련된 교재는 중국 시장에서 거의 찾아볼 수 없는 상황이다.

여기에서 한 가지 분명해지는 점이 있다. 만약 교재가 없어서 동북 3성 지역의 조선족 학교가 더 큰 타격을 입고 있다고 분석한다면 이는 잘못된 것이다. 이미 한국에는 한국어로 된 어린이용 교재가 숱하게 나와 있다. 1992년 한-중 수교 이후 한국과의 교류 또한 자유로워졌다. 한국어 교재 수급은 한국에서 출간된 교재를 가져다 쓰면 해결될 수 있는 문제라고 볼 수 있다. 하지만 이론과 현실에 차이가 있듯, 양국 교재 가격에서 격차가 심하다면 쉽게 해결하기 어렵다는 게 현장의 견해다. 무엇보다도 더 중요하게 고려해야 할 문제는 선택의 여지가 있을 경우에 어린이의 부모가 어떤 언어를 더 경쟁력 있다고 보고 선택하겠냐는 것이다. 어린이 언어 교육에서는 역시 이 점이 가장 관건이 된다.

제 4 장

한-중 이중언어
어린이 앞의
어려움

다문화 어린이의 도전

한국 학교에서 다문화 학생의 비율은 최근 급증하고 있는 추세다. 2015년 교육부 통계에 따르면, 당해 한국의 전체 학생 가운데 다문화 학생이 차지하는 비율은 2% 이상이다. 전체 비율 가운데 아직 2% 정도밖에 되지 않는다고 하기에는 증가 속도가 매우 가파르다. 2010년에는 그 비율이 0.44%이었던 것이 불과 약 5년 사이에 다섯 배 이상 증가했기 때문이다.[49] 〈2016년 청소년 통계〉에 따르면 2015년 다문화가정 전체 학생 수는 8만 2,536명으로 불과 1년 전인 2014년의 6만 7,806명에 비해 무려 1만 5,000명가량 증가한 것으로 보고되었다.[50]

중국 내의 재중동포 인구이동은 주로 농촌에서 대도시 방향으로 진행되고 있는데, 농촌을 떠나 베이징과 같은 대도시에서는 도시 호구(戶口, 우리나라의 주민등록에 해당)를 쉽게 얻을 수가 없다. 기껏해야 임시 거주증 정도를 얻거나, 그나마도 얻지 못하는 경우가 많다. 그런데 대도시에서 호구 문제가 해결되지 않으면 자녀의 교육 문제에 큰 공백이 생길 수밖에 없다. 북한이탈주민의 경우에 동북 3성 쪽을 통하여 한국으로 입국하는 사례가 대다수인데, 이들도 마찬가지로 신분상의 보장을 받지 못하여 자녀들의 교육 문제가 발생하게 된다(김영화, 2014). 특히 북한이탈주민은 한국으로 온 후 자녀를 학교에 보낼 때 또래보다 몇 년 아래 학년으로 배치하기를 원하는 경우도 적지 않다.

한국 내에서 재중동포가 밀집하여 사는 곳으로 최근 부각된 서울

대림2동의 경우, 이곳에 거주하고 있는 재중동포의 약 70%는 3년에서 5년 정도 머무르는 한시적 노동자다. 이런 상황은 이들에게 임시 체류자 심리를 심어줄 수밖에 없을 것이다. 이

임시 체류자 심리(sojourner mentality)_ 현 거주지에 잠시 머물다가 다시 돌아가겠다는 심리

점 때문에 이재영(2014)은 유럽에서 처음에는 열린사회를 표방했다가 결국에는 실패한 다문화주의를 떠올리며, 이 지역 역시 게토(ghetto)화되고 있음에 주목했다. 이곳의 특수성을 살린 학교를 설립하는 문제도 재중동포가 오히려 이를 반대하고 나선다고 한다(서지수, 2012). 이런 점은 자신들의 언어를 지키기 위하여 적극적으로 아이들의 학교 건립을 추진하는 캐나다 등의 이중언어구 모습과는 매우 차별화되는 부분이다.

한국 사회에 제대로 적응하지 않은 아이들은 자신이 가정과 사회에서 경험한 폭력과, 스스로 행사하는 폭력으로 인하여 문제를 일으키기도 한다. 다문화 가정 출신의 한-중 이중언어 어린이와 중고교 학생을 다년간 지도해 온 정은하(여, 47, 교사, 가명)는 현재 한국에서 다문화 가정 출신 자녀에 대한 우수 사례라든가 미담만 언급되고, 문제가 되는 부분은 철저하게 가려지는 현실을 몹시 안타까워했다. 자신이 현재 몸담고 있는 학교에서도 적지 않은 아이들이 부모의 이혼, 별거, 가정 내 폭력, 또래 폭력 등을 경험했으며, 이런 트라우마가 학습에 큰 장애 요소로 작용하는 것으로 보았다. 다만 몇 가지 사례가 전체 다문화 가정 자녀에 대하여 부정적인 인식으로 작용하고, 이것이 사회적인 차별로 이어지는 것에 대하여 우려하는 분위기가 지배적이어서 알려지는 것을 매우 꺼린다는 것이다.

그러나 이러한 점 때문에 문제 자체가 은폐되거나 차별로 이어져서는 안 된다. 재중동포와 폭력 사이에는 그 어떤 연관성도 찾아볼 수

없기 때문이다. 신체 폭력과 관련하여 한족(漢族)과 재중동포 초등학생의 경험을 비교 분석한 연구에서, 적어도 옌지 시 재중동포의 경우 한족보다 신체 폭력 경험이 훨씬 낮았다. 이뿐만 아니라, 편부모나 부모의 부재가 폭력의 독립적 위험요소가 될 수 있었지만 기존에 행해진 한국 내 초등학생의 신체 폭력 경험과 비교해도 옌지 시 초등학생의 신체 폭력 비율은 훨씬 낮았다(김대호 외, 2005). 가정 폭력, 또래 폭력, 교사 체벌이라는 상황별로 살펴보았을 때에는 다른 폭력을 경험했을 때 이것이 다시 또 다른 폭력을 낳는 재희생자화의 경향이 뚜렷하게 나타났다. 그러나 재(再)희생자화는 한족에서도 마찬가지의 위험 요소로, 옌지 재중동포만의 특징이라 볼 수는 없었다(김대호 외, 2006). 옌지 시 재중동포를 통한 비교이기는 하나 적어도 신체 폭력 관련 문제에 재중동포이기 때문이라는 딱지를 붙일 이유는 없음을 알 수 있다. 그렇다면 문제는 바로 한국 사회다. 한국 사회가 갖고 있는 어떤 점이 이들에게 시련을 안겨 주는지, 한번 살펴보도록 하자.

너무 복잡한 다문화 정책

　이현정(2009)은 다문화와 관련된 한국 내의 행정 시스템이 제대로 정비되지 못하여 다문화 관련 부처만 하더라도 법무부, 노동부(현 고용노동부), 교육부, 여성부(현 여성가족부), 문화관광부(현 문화체육관광부), 각 지방자치단체 및 행정안전부(현 행정자치부) 등 최소 일곱 개로 쪼개져 있는 비효율성을 지적한 바 있다. 한국에 처음 온 이주민이 이토록 많은 부처에서 시행되는 정부 정책을 알아서 찾아다닐 수 없다는 것이 다문화 관련 정책 실무자의 경험담이다. 여기에 다문화와 관련된 국민 의식은 민족주의적인 폐쇄성이 짙고, 혈통으로 국적을 규정하는 속인주의 국적법이 시행되고 있어, 다문화 사회에 대한 대비가 제대로 이루어지기 어렵다고 진단했다.

　사정이 이러하다 보니 다문화 가정 자녀가 교우 관계에 어려움을 호소하는 정도도 더 크다고 한다. 교사 양성과 관련된 부분에서도 다문화 교육을 받아본 적이 없는 교사가 97%에 달한다고 한다(이현정, 2009). 심지어 서울시 이중언어 강사와 주말학교 관계자를 대상으로 이민자 부모 출신국 언어 교육에 대한 의견을 조사하면서 다문화 관련 교육을 받아본 적이 있냐는 질문에 58%만이 그렇다고 대답했다(이재분 외, 2010).

　다문화 정책은 경제적인 부분만을 강조해서는 결코 성공할 수 없다는 데에 많은 전문가들이 공감한다. 특히 폭력 등 심각한 문제가 발생할 경우, 이것의 공통적인 원인은 체면이 깎일 위험, 모욕감, 굴욕감,

경멸감에서 출발한다(이현정, 2009). 2015년 파리와 2016년 브뤼셀에서 발생한 테러의 이면은 그간 프랑스나 벨기에 사회가 심혈을 기울였으나 결국은 실패로 돌아간 것처럼 보이는 다문화 정책에 대하여 많은 사람들이 다시금 돌이켜 생각해 보는 계기를 만들어 주었다. 최근 한국 내에 거주하고 있는 재중동포가 일으킨 중범죄에 대해서도 그것을 단순하게 우발적인 사건 사고로 볼 것이 아니라 한국 사회에서 이들이 어떤 대접을 받아 왔으며 심리적으로 어떤 모멸감을 느꼈는지에 대한 사회적 관심이 반드시 필요할 것이다. 이미 한국 사회에서 여러 가지 면에서 어려움을 겪고 있을 다문화 가정을 위하여 국무조정실을 컨트롤타워로 한 통합적인 정책에 대한 요구가 지금도 끊임없이 이어지고 있다. 통합 정책은 다문화 정책의 완성이 아니라 시작이라 보아야 하며, 여기에는 반드시 한국 사회의 합의가 전제되어야 할 것이다.

새로운 한-중 이중언어구의 생성

단일언어를 사용하는 언어 공동체(language community)를 이루고 있던 지역이 한-중 이중언어구로 바뀌기도 한다. 헤이룽장 재중동포의 생활을 총괄적으로 연구해 펴낸 《중국 흑룡강성 한인동포의 생활문화》(국립민속박물관, 1998)에 따르면 이 지역 전반에 걸쳐 조선어보다는 경상도 방언 등의 한국어가 보편적으로 사용되고 있다. 이는 이들의 선조가 이주하여 정착했던 배경과 밀접한 관계가 있는 것으로, 현재 한국에서 널리 사용하고 있는 언어와 동일시할 수는 없다. 어휘 면에서 이런 차이가 특히 두드러지기 때문에 이들의 언어를 두고 연구자에 따라서는 '한위(汉语)식 조선말'이라는 표현을 사용하기도 한다.[51] 이들이 1990년대 이전에는 단일언어를 사용하던 언어 공동체를 이루어 왔다는 사실은 부인할 수 없다.

헤이룽장 성 재중동포의 경우, 1990년대 개혁 개방 이후 농촌을 기반으로 한 이들의 언어 공동체가 빠른 속도로 붕괴되었다. 이러한 변화로 1990년대에 226개 거주지에서 재중동포 수가 줄어드는 결과를 낳았다. 이뿐만 아니라 1982년에는 총 499개의 재중동포 거주지 가운데 390개가 재중동포로만 이루어진 집중 거주지였는데, 이들이 연해 지역이나 도시 지역으로 빠져 나간 반면 한족은 계속 유입되어, 1990년에는 재중동포로만 이루어진 집중 거주지의 숫자가 305개로 줄어들었다. 결과적으로 재중동포 집중 거주지에서 잡거(雜居) 거주지로 옮겨가는 곳이 빠르게 늘어났다. 무단장(牡丹江) 시 조선족 소학교의 경우, 1980년대에는 중국어 수준이 대체로 낮았으나, 1990년대에는 중국어가 일상적인 언어로 바뀌었다(정만석, 1994). 무단장 시의 하이린 진과 하얼빈 시에 거주하고 있는 재중동포의 연령별 언어 사용 연구에서는 나이가 어릴수록 그리고 도시일수록 조선어를 알고 있는 인구의 비율 및 사용 빈도가 점점 낮아지고 있음을 밝혔다(허덕행·박태수, 1990).

한국 내에서도 이와 같은 공간이 점차 확장되고 있다. 전체 인구 가운데 외국인 비율이 두 자릿수 이상인 서울의 영등포구, 그중에서도 대림동은 "연변(옌볜)과 서울을 오가는 포털"로 비유될 수 있을 정도로 현재로서는 대표적인 한-중 이중언어구다.[52] 지하철 2호선 8번 출구로 대표되는 대림동의 이중언어구는 현재 공식적인 행정 관련 간판마저 중국어로 설치할 정도다. 하지만 2003년까지만 하더라도 대림동에 거주했던 재중동포는 169명에 불과했다. 그러던 것이, 재중동포가 밀집하여 거주하고 있는 것으로 특히 유명한 대림2동의 경우 2009년에는 전체 거주민의 약 28%가 재중동포일 정도로 가파르게 성장했다(서지수, 2012).

이처럼 새로 생겨나는 한-중 이중언어구를 보면 중국과 한국의 양상은 다음과 같은 차이를 보인다. 중국 내에서는 단일언어구 커뮤니티를 이루던 재중동포가 연해나 큰 도시 쪽으로 빠져 나가고 대신 중국어가 모국어인 새로운 주민이 이 자리를 채우면서 생성된 것이다. 한국은 주로 재중동포를 위주로 하며, 이들이 모여 살게 되면서 전에 없던 새로운 이중언어구를 만드는 것이다.

한국 내 이중언어 교육의 현주소

교육부는 '다문화학생교육 선진화 방안'을 2012년에 발표하고 다문화 학생과 일반 학생 모두를 대상으로 이중언어 교육 강화 사업을 실시했다.[53] 그런데 실제 학교에서 이루어지는 교육 가운데 이중언어 교육은 15.7%에 불과했다. 실제 이루어지는 교육만 부족한 것이 아니라 이중언어 교육에 필요한 자료나 지식, 기술 등에 대한 개선도 요구된 것으로 보고되고 있다(정유선 외, 2015).

다문화 가정 학령 초기 어린이의 경우, 지역 간에 언어 능력 면에서 차이를 보이기도 한다. 대도시에 비하여 농촌이나 소도시 지역 어린이의 수용언어 능력이 더욱 발달해 있는 것으로, 특히 대도시에서는 언어 발달 지체의 정도가 심한 것으로 나타났다(이은경 · 김화수, 2011).

2012년 여성가족부의 다문화가족 실태 조사에 의하면, 다문화 학생들은 한국 학교에서 대체로 어려움을 겪는 것으로 보고되고 있다. 이들이 가장 어려워하는 과목은 국어로서 그중에서도 쓰기가 어렵다는 비율이 가장 높다.[54] 재중동포 가정 자녀가 다른 민족이나 국가 출신 자녀보다 한국어 능력에서 훨씬 앞선다는 점을 고려하더라도 결과는 마찬가지다(좌동훈, 2013). 다문화 가정의 학령기 아동의 쓰기 능력은 평균을 밑돈다. 다섯 가지의 쓰기 평가영역 중에서도 글 구성력과 문장 구사력이 낮다(유재연 외, 2012).

평택시의 다문화가족 자녀를 대상으로 한 이중언어 교육 수요 조사에서, 가정에서 가족들 간에 사용하는 언어는 한국어가 56%, 한국어와 중국어 섞어쓰기 32%, 중국어 12% 순이었다. 이중언어 교육에 대한 수요 면에서는 충분히 타당성이 있다고 볼 수 있다. 기존에는 한국어 교육에만 치중되어 있었지만, 이중언어 교육에 대한 관심과 필요성이 이처럼 대두됨에 따라 정부 정책은 결혼이민자 출신국 언어를 강화할 수 있는 이중언어 교육을 하는 방향으로 차차 변화하고 있다. 결혼 이민자의 출신국 언어 교육을 강화할 수 있는 강좌도 여기에 포함되고 있다. 이와 더불어, 이중언어 교육이 이루어지고 있는 학교나 다문화가족지원센터 등에서 중국어를 수준별로 지도할 수 있는 문제, 교재 및 교사 미확보 등의 문제는 앞으로 개선되어야 할 부분이다(정유선·이다혜, 2015).

05
누가 가르치는가

한국어 단일언어 가정 출신으로서 중국어 수업을 받는 교육 수요자 입장에서 가장 중시하며 또한 필요로 하는 부분에는 어떤 것이 있을까. 흔히 내국인 교사와 외국인(또는 원어민) 교사로 불리는 이들 가운데, 교육 수요자는 누구를 더 원하며 그 이유는 무엇 때문일까. 한 연구에 따르면 '방과후학교' 중국어 수업의 경우 원어민과 한국인 교사가 함께 팀티칭을 했던 곳에서 가장 큰 만족도를 보였으며, 특히 원어민에게 직접 중국어를 들음으로써 중국어에 대한 흥미가 높아지고 발음이 나아졌다는 인식이 있는 것으로 나타났다(이은화, 2013). 그런데 이 점은 한국에서 외국어 학습의 경험이 상대적으로 긴 영어과에서도 마찬가지로 관찰되는 인식으로서, 교육적 효과 등과 같은 차원의 검증보다는 원어민 강사에 대한 맹목적 의존 심리가 작용한 것이라고 볼 수도 있다. 실제로 만족의 구체적 이유를 들라는 항목에서 모르겠다는 답변이 절반 이상이었으며, 원어민 교사와 내국인 교사의 역할 변동 등 설문의 문항을 살짝만 바꾸어도 역시 모르겠다는 반응이 절대적이었다는 점에서 이를 확인할 수 있다. 따라서 만약 설문 결과를 이유로 교사에 대한 정책을 마구잡이로 펴낸다면 한국어가 모국어인 학생이 중국어를 배울 때 한국 영어 교육에서 지적되었던 사회적 문제점을 다시 반복하는 것에 지나지 않을 것이다.

어린이를 위한 본격적인 중국어 교육을 고려할 때 열악한 교육 환경과 조건이야말로 교사들이 이구동성으로 지적하는 문제점이다. 한국의 경우, 중국어 전용 교실이 절대 부족하다. 교구를 늘 옮겨 다녀야 한다는 점이 교사 입장에서는 여간 번거로운 일이 아니다.

중국에서의 재중동포 어린이 언어 교육 문제는 이 차원을 넘어선다. 언어 환경 자체가 급변하고 있기 때문이다. 재중동포의 초등학교 이하 수준의 교육을 맡는 교사를 양성하는 기관으로 대표적인 곳은 연변 제1사범학교와 연변 제2사범학교, 오상조선족사범학교, 료녕성 조선족사범학교 세 군데가 있다. 내몽골에서는 원래 헤이룽장의 오상 조선족사범학교에 위탁하여 사범생을 양성하게 했으나, 최근에는 홍안맹사범학교 내 3년제 사범반에서 교원 부족 문제를 해결하려 하고 있다. 그런데 이런 노력에도 불구하고 조선어 학교 숫자가 계속 줄어들고 있으며, 각 학교마다 중국어 수업 시수는 계속 늘고 있는 추세다(이상 전학석 외, 2000). 결국 중국 내에서는 이중언어 환경으로 빠르게 바뀌어 가고 있다고 볼 수 있다.

고등교육의 실태는 어떠한가. 조선어문학 전문학과를 설치한 중국 내의 대학은 두 가지로 분류될 수 있는데, 이는 교육의 대상을 기준으로 한 것이다. 즉, 재중동포를 대상으로 하여 모국어로서의 조선어문학 전문학과를 설치한 것인지, 아니면 외국어로서의 조선어문학 전문학과를 설치했는지의 문제다. 전자로는 연변대학과 중앙민족대학 두 군데가 있다(같은 책: 50). 한편, 한국 내에는 대학 이상의 고등 교육기관이면서 중국어가 모국어인 사람을 대상으로 하는 중국어문학 전문학과는 존재하지 않는다. 이 때문에 한국 화교는 대만을 비롯한 다른 나라로 유학을 가거나 또는 한국 내 대학에 외국인 자격으로 특별 입학하는 수밖에 없다.

공업 또는 상업 부문에서의 조선어 문자 사용 상황을 살펴보면, 일상 사업 용어 및 생활 용어의 경우 재중동포끼리는 조선어를 사용하지만, 한족이 있을 경우에는 중국어를 쓰는 것으로 보고되었다. 단, 간판, 표어, 영업허가증 등은 모두 이중언어로, 상장, 증서, 증명서라든가 광고나 공고 등도 절반 이상이 이중언어로 기록된다. 반면 선전이나 학습 자료는 대부분 중국어로 기록되어 있고 조선어로 된 것은 하나도 없었다(같은 책: 325~326). 이런 상황에서 언어 교육에 현실 생활을 어느 정도나 반영할 것인가의 문제를 놓고 교사 입장에서는 언제나 고민이 될 수밖에 없을 것이다.

또한 조선어와 한국어 역시 차이가 있다는 점을 고려할 때 주의 깊게 볼만한 연구가 있다. 오성애(2012)는 칭다오에 거주하는 재중동포의 언어 사용 양상 분석을 통하여, 칭다오 재중동포가 가족끼리의 대화에서는 조선어, 재중동포 간의 대화에서는 비공식적 상황에서는 조선어, 공식적인 상황에서는 한국어를 가장 많이 사용하며, 한국인과의 대화에서는 공식적인 자리와 비공식적인 자리에 상관없이 한국어를 가장 많이 선택함을 보여 주었다. 상황에 따라 언어를 선택하는 현황이 언어 선호도와 다소 차이를 보이는 부분이 있는데, 선호도에서는 재중동포 간에는 조선어를 써야 한다는 비율이 가장 높았음에도 불구하고, 공식적인 상황에서는 한국어를 가장 많이 사용하는 결과가 나온 것이다. 이는 지역에 따라 한국어가 조선어에 대하여 간섭을 일으키기도 하는 것으로 볼 수 있다.

요컨대 한국에서는 원어민 교사에 대한 막연한 기대와 요구, 중국에서는 조선어의 급속한 추락과 중국어로의 집중 현상이 두드러지고 있다. '누가 가르치느냐'라는 중대한 문제는 이러한 급속한 환경 변화로 말미암아 길을 잃고 헤매고 있는 중이다.

제 5 장

이중언어라는
과정에 대한
사회적 무시

01
특별한 아이 무시하며 평가하기

중국 학교에서 거의 꼴찌를 하던 다중언어 어린이가 있다. 서울에서 태어나 한 살 때 도쿄로, 다섯 살에 다시 한국으로, 일곱 살에 중국 선전으로 가서 언어 문제로 적응을 하지 못했던 것이다. 이 아이의 미래가 어떻게 전개됐을까? 말도 제대로 못 하던 아이는 자라나 어엿한 대학원생이 되어 고등학생을 위한 공감콘서트에서 자신의 경험담을 들려주었다. 지금은 미국 프린스턴 대학에서 전액 장학금을 받으며 경제학 박사 과정에 입학한 어느 학생의 이야기다. 중국에 있을 당시 그의 중국어 성적은 내내 형편없었다고 한다. 하지만 자신이 좋아하는 로봇에 대한 흥미를 잃지 않았고, 결국에는 국제 로봇경시대회에서 전체 우승을 차지하기까지 했다(송지혜, 2015).

이처럼 이중언어와 다중언어 환경에서도 자신이 원하는 바를 펼치는 사람이 있다. 심지어 이들의 비율이 점차 높아지고 있는 반면, 한-중 이중언어 어린이에 대한 이해는 이대로 간다면 나아질 것이 없다. 이들에게는 특별한 능력과 의지가 있는데도 그것을 꺾는 경우도 많다. 그 방법에는 여러 가지가 있는데 그중 가장 손쉬운 방법은 이들에게 불공정 게임을 시키는 것이다. 비유적으로 표현하면, 이들은 두 개의 혀를 가진 '바이링구얼'인데, 이들을 평가할 때에 다른 한 개의 언어는 무시한 채 오로지 한 개의 언어만을 가지고 측정하는 것이다. 그것도 평가하는 그 사회에서 가장 익숙한 언어로 이들의 능력을 측정하는데, 이것이 가장 손쉽고 흔한, 그러나 비겁한 방법이다.

이중언어 어린이 평가에 드리워진
과거의 어두운 그림자

웨일스의 연구원이었던 새어(D. J. Saer)가 지능에 미치는 이중언어의 영향을 살펴보고자 실시했던 지능지수(I. Q.) 테스트에서 이중언어자의 평균 I. Q.가 단일언어자보다 10포인트 정도 뒤진다고 했던 1921~1922년의 연구 결과(Saer, 1923)는 이후에도 논란 대상이자 지속적인 관심거리로 남았다. 그런데 7~14세의 아동 및 청소년 1,400명을 대상으로 한 그의 연구 결과를 더 자세하게 살펴보면, 웨일스 지역 농촌 지역 이중언어자와 단일언어자 사이의 평균 I. Q. 결과에서 이 정도 차이가 나타난 것은 맞지만, 도시의 경우에는 오히려 이중언어자가 단일언어자보다 평균 1포인트가 높았다. 그럼에도 이중언어 어린이의 지능 문제를 거론할 때면 거의 100년 전의 이 논조가 다소 악의적으로 사용되곤 한다.

사실 이중언어자와 지능의 문제를 따질 때에는 좀 더 세밀해질 필요가 있다. 이중언어를 강요함으로써 어린이의 지능에 문제를 주는 것인지, 가정 형편이 나은 아이가 이중언어 사용자가 되는지(혹은 그 반대인지), 지능이 높은 아이가 이중언어자가 될 확률도 높은 것인지, 조사 내용에 따라 변수를 다각도로 차별화해야 한다.

바우어(2012)에 따르면 1960년 이전의 테스트에는 과학적 엄밀성이 결여되어 있었다. 즉, 막 배움을 시작한 이민자 아이의 표현능력을 영어가 모국어인 아이와 비교하거나 또는 사회적 환경에 대한 고려가 이루어지지 않았기 때문에, 이민자 이중언어 어린이의 평가 점수가 낮게 나왔다는 것이다. 엄격하고 공정한 조사는 이로부터 약 40년이 흐른 다음에야 가능해져 이중언어가 아이의 발육에도 해롭지 않으며 장점도 많다는 사실이 밝혀졌지만, 초기 연구가 남긴 어두운 그림자는 여전히 대중의 머릿속에 남아 있다.

이중언어 어린이의 가장 큰 장점은 단순하게 두 가지 언어를 구사할 수 있다는 능력보다, 메타언어적 지식 체계를 스스로 만들 수 있다는 점이다. 한-중 이중언어 어린이에게서도 이런 예는 숱하게 보인다. 예를 들어, 중국어에서는 전기 기구를 뎬(电)이 들어간 어휘로 곧잘 표현한다. 중국어

> 메타언어(metalinguistic)_ 언어를 객체화하여 언어가 인공물인 동시에 과정이며 언어와 문화가 관련을 맺고 있음을 인지하는 것

로 컴퓨터는 '电脑', 전화는 '电话', 텔레비전은 '电视', 영화는 '电影'이라 하는데, 굳이 의미를 따져 보면 각각 전기두뇌, 전기말, 전기보기, 전기그림자 정도로 이해할 수 있다. 그런데 겨우 네 살밖에 되지 않은 한-중 이중언어 아이가 e-book을 처음 보고서 한 말이 바로 '电书'이다. 즉 '전기책'이라는 의미를 자기 나름대로 표현한 것이다. '电书'라는 단어는 실제로 e-book을 중국어로 표현한 것이 맞다. 이 아이가 족집게 같은 능력이 있어서 이것을 맞춘 것이 아니라, 이미 중국어 어휘에 대한 나름의 메타언이적인 지식 체계를 갖고 있다고 보아야 한다.

그럼에도 이 세상 부모라면 자식이 이중언어를 해야 하는 상황 앞에서 이중언어에 대한 막연한 불안감을 갖고 있다. 서양이건 동양이건, 예나 지금이나 말이다. 하지만 괜한 걱정은 도움이 되지 못한다. 그림자를 보고만 있을 것이 아니라, 무엇에 가리어서 그림자가 생겼는지를 살피는 것이 아이를 돕는 길이 될 것이다.

다른 언어에 대한 이중 잣대

　　오랫동안 순수한 단일 언어 사회를 표방해 왔던 한국과 같은 사회에서 다수의 인중과 다른 언어를 구사하는 이중언어 사용자에 내한 사람들의 태도는 때로 매우 이중적이다.

　사투리라든가 외국인 어투가 들어간 유머를 들으면서 깔깔 웃다가도 마음속 어딘가가 짠하다면 그 이유는 바로 한국 사회의 언어 사용 환경이 보여 주는 야만성 때문일 수도 있다. 영화 〈황해〉에 등장하는 인물들을 패러디한 유머가 한국 사회에서 유행한 적이 있다.[55] 한국어 단어 사용이 어딘지 어색하고 억양 또한 서툴러서 실수를 연발하기 일쑤인 보이스피싱 사기꾼들은 유머 속에서 위세언어 사용자인 한국인들을 속이는 데에 번번이 실패한다.

　말이 서툴러서 웃음을 선사하는 대상이 될 수도 있는 이들 어른이, 누군가에게는 부모가 되어 말을 가르치게 된다. 대부분의 성인은 특별한 노력을 기울여 새로운 언어를 습득할 수도 있지만 자신이 알고 있는 언어로 말할 수밖에 없다. 이중언어 사용자의 경우 대화 상대나 목표에 따라 자신의 언어를 바꾸어 가면서 이야기한다. 이 과정에서 숙련되지 않은 어휘와 표현, 억양 등이 언어 환경에 따라 나올 수밖에 없다.

　반면 아이들은 부모와 상황이 다르다. 당장 눈에 보이는 위세언어에 집중하여 친구들과 아무런 차이 없이 사용할 것인지, 아니면 부모가 사용하는 그 열등한 약세언어도 고수할 것인지의 문제를 고민하게 된다. 이와 더불어 자신의 정체성 선택에도 민감해진다. 아이들은 이러한 상황을 전체적으로 파악하지 못하거나, 또는 자신의 감정을 솔직하게 표현하지 못할 따름이지, 위세-약세언어의 이분법이 분명하게 드러나는 사회 속에서 자신을 어디에 두어야 할지 고민하는 것에는 예외가 없다.

사실 다른 언어에 대한 이중 잣대는 꼭 한국 사회만의 특징은 아니다. 그렇다 하더라도 한국 사회가 이를 계속 고집할 경우 다른 위세언어 앞에서 한국어가 약세언어의 지위로 추락하는 경험을 피할 수 없다. 예를 들어 이런 이중 잣대로 한국어와 영어를 모두 구사할 줄 아는 이중언어 사용자를 한번 생각해 보자. 이들은 다수가 영어를 사용하는 영미권에서는 한국어라는 약세언어를 사용하는 이중언어 사용자이지만, 일상생활에서 소수가 영어를 사용하는 한국에서는 영어라는 위세언어를 사용하는 이중언어 사용자로 그 지위가 급격하게 바뀐다.

이 한 사람의 지위 변화는 주변 사람에게 적지 않은 영향을 끼친다. 자신의 지위에 아무런 변화가 없이 살던 옆 사람은 어느 날 갑자기 열등한 언어만을 사용하는 단일언어 사용자가 되기 때문이다. 내가 센 사람인지 약한 사람인지는 당사자가 아니라 그 옆 사람에 달려 있는 문제다. 비교 대상이 있을 때에야 비로소 열등성 여부를 따져 볼 수 있기 때문이다. 언어의 지위 문제도 마찬가지다. 지위에 민감하지 않은 사람은 드물다. 주변 사람이 모두 자신과 같이 한 가지 언어를 사용하는 환경에서 얼마든지 평화롭게 잘살 수 있던 사람도 어느 날 문득 자기 옆에 자기보다 뛰어난 언어를 사용하는 사람이 있다는 사실을 알게 되는 순간, 자신은 열등한 언어 하나밖에 사용할 줄 모르는 지위가 낮은 사람이라고 느끼게 된다. 자신이 사용하는 언어의 지위에 대하여 불만족을 느끼는 사람은 자기 자신은 물론 자식에게도 힘이 센 위세언어를 배우도록 부지불식간에 종용하게 될 가능성이 크다.

김병록(남, 45, 회사원)은 중국에서 19년을 보내고 1년여 전에 한국으로 귀국했다. 중국 거주 기간이 길다 보니, 아이 둘도 중국에서 태어났다. 큰아이는 현재 초등학교 5학년이고 작은아이는 초등학교 2학년으로 한국의 공립학교에 다니고 있다. 한국 학교에서 학업을 따라가거나 적응하기조차 힘들이해서 중국이 교육은 엄두도 못 낸다고 한다. 큰아이는 아직 중국어 듣기는 가능한 것으로 보이지만, 작은아이는 겨우 "니하오(你好)!" 정도의 중국어만 가능하다고 한다.

한국과 중국의 수교 전후로 적지 않은 주재원이 중국으로 떠났고, 이들의 아이들은 중국의 국제학교에서 수학하는 것이 일반적이었다. 중국의 국제학교마다 차이가 있지만 대체로 국제학교라는 특성상 중국어보다 영어를 중시하는 분위기가 있었고, 당시에는 이런 점이 영어를 중시하는 한국의 학부모에게 크게 어필하기도 했다. 가정에서는 중국인 보모를 두는 경우가 대부분이어서 아이들이 정기적으로 중국어를 사용하는 것은 보모와의 의사소통을 위한 정도로 제한적인 경우가 많았다. 한국으로 언젠가는 돌아갈 것이라는 심리가 깔려 있고, 중국으로부터의 귀국 학생이 최근 급증하면서 한국의 교육 체제에서 중국에 몇 년 거주한 것만으로는 대학에 특례 입학조차 쉽지 않다는 정보를 학부모들은 이미 갖고 있기 때문에, 중국어 자체를 자식들에게 크게 권장하지 않는 심리가 있다.

정체성의 혼돈에 대한 우려가 있기도 한데, 이에 대해서도 관점을 바꿔볼 필요가 있다. 옌지의 재중동포는 양쪽 문화에 대하여 이중 정체감을 갖고 있으며, 이처럼 양쪽 문화의 가치를 잘 통합하는 이민자들이 정신 건강이 좋다는 것이 의학적으로도 밝혀졌다(김대호 외,

2005).

　중국에서 건강하게 학교를 다니던 이중언어 또는 다중언어 어린이가 한국에 와서 순식간에 중국어라는 날개를 하나 꺾게 되는 데에는 언어 지위에 대한 부모의 생각이 가장 결정적인 요인으로 작용한다. 부모가 아이들의 언어 교육 내용을 결정하고 실행에 옮기기 때문이다. 이중언어, 나아가 다중언어 사용자는 한국 사회 주변에 이미 적지 않다. 교류가 빈번해지면서 그 숫자는 앞으로 점점 늘어날 것이다. 이들을 단지 외국에 왔다 갔다 하는 사람 정도로 볼 것이 아니라 다른 언어에 대한 우리 속의 이중 잣대를 이들을 통하여 떨쳐 버릴 필요가 있다.

어려서 배운 언어가 고스란히
남는 것은 아니다

　　외국어 교육에서 발음을 중시하는 한국 학부모의 심리는 가급적 어렸을 때 우리 아이가 외국어를 배웠으면 좋겠다는 바람으로 고스란히 이어진다. 그러면서 외국인처럼 유창하게 외국어도 잘하고 또 한국어도 잘하기를 바란다. 그럼 어릴 때에 가르치기만 하면 이 모든 게 가능할까? 단언하건대 이것은 불가능하다.

　　2015년, 조치훈 9단이 특별대국을 위해 한국에 있는 동안 복기와 인터뷰 등에서 한국어를 사용하여 많은 사람들을 놀라게 했다. 조치훈 9단은 1956년 부산 출생으로, 여섯 살 때 일본으로 바둑 유학을 떠나 이후 일본에서 줄곧 생활하고 활동했기 때문이다. 조치훈 9단이 스스로 느끼기에는 현재 한국어 실력이 "마음대로 되지 않고", "전하고 싶은 가슴속의 말을 잘 못하는" 수준이다. 그렇다면 그는 어렸을 때의 기억으로 지금도 한국어를 구사하는 것일까. 아니다. 그 자신이 한국 영화나 드라마를 보면서 부단히 공부했다. 2015년에 한 인터뷰에서는 한·일 관계가 나빠져 TV에서도 한국 드라마가 사라져 섭섭하다는 말도 남겼다. 유머 감각을 칭찬하자 그렇다면 자신을 "연예계에 소개해 달라"며 한술 더 떴을 정도라고 한다. [56]

　　조치훈 9단이야말로 자신을 일본으로 데려간 숙부 조남철 9단과 함께 출국한 직후 이중언어 어린이 시절을 보내다가 단일언어 세계인 일본에 정착한 대표적인 사례로 볼 수 있다. 그가 지금 사용하는 한국어 표현은 절대로 여섯 살에 알았던 한국어일 리가 없다. 다만 한국어가 자기 속에서 망각의 언어가 되는 것을 막아 낼 동력을 자신의 내면 속에서 스스로 찾아 끄집어 낸 것이다. 한국을 떠나 지금까지 일본에 살고 있지만 아직도 한국 생각이 나고, 앞으로 다른 계획은 없으며 다만 죽기 전에 잠깐이라도 한국에서 살아보고 싶다는 열망, 그것이 한국어를 하도록 만든 가장 큰 동기(motivation)였던 것이다. 또한 그에게 있어 동기라는 기차를 끌 수 있도록 한 연료는 다름 아닌 소속감이다. 그는 어린 시절에 이중언어 기간을 거치면서 미래에 사용할 한국어를 완성한 것이 아니다. 어린 시절에 이중언어 기간을 거쳤다는 그 사실 하나만으로도 그에게는 메타언어적인 지식이 이미 형성될 수 있는 기회가 주어진 것이다. 비슷한 시기에 한 대그룹의 승계 예정자가 한국어를 할 줄 몰라 방송에서 일본어로 인터뷰를 한 것이 한국 사회에서 큰 이슈가 되었다.[57] 한 사람이 선택하는 언어가 그 사람의 소속감을 대변한다는 심리가 있기 때문에 이것이 큰 논란거리가 된 것이다.

만일 조치훈 9단이 이중언어 어린이로서의 기간을 보낸 적이 없었더라면 어땠을까. 또는 태어나자마자 만약 일본으로 가서 자랐더라면 어떠했을까. 어린이들의 이중언어 기간은 언어를 완성시키는 시기가 아니다. 다 자라나서 스스로 자신의 언어를 선택할 수 있을 때, 자신 속에 있는 언어를 혼자의 힘으로 다시 끌어 내고자 할 때에 이것은 마중물로 작동한다. 아이에게 외국어라는 큰 나무를 심는다는 생각을 어서 접자. 다만 언제라도 스스로 심을 수 있는 작은 씨앗 하나를 주었다고 생각하자. 그 씨앗을 훗날 꺼내어 심느냐 마느냐는 순전히 아이의 몫이다. 사회의 역할은 적절한 환경을 제공해 주는 것이다.

이중언어가 삼중언어 이상을 뜻할 때

　　재중동포는 그들의 거주지가 중국이건 한국이건, 이제는 조선어, 한국어, 중국어라는 삼중언어 상황을 피할 수 없다. 조선어와 한국어는 큰 차이가 느껴지지 않아 외부인은 이를 동일시하는 경향이 있지만 사소한 억양 차이도 이중언어자에게는 차이가 느껴지는 부분이다. 현대 영문학에서 중요한 위치를 차지하고 있는 이창래의 소설 속에는 한국계 미국인인 헨리 박이 등장하여 "나 같은 사람들은 아직도 억양이 어색하지 않나 신경을 곤두세우죠"라고 말한다.[58] 거주한 기간의 길고 짧음과는 상관없이 이 부분은 간과하기 쉽지않다.

　　또한 한-중 이중언어자는 영어와 관련된 표현에서 특히 소외감을 느낀다고 호소하는 경우가 많다. 중국에서 한국으로 오게 된 한-중 이중언어자는 한국어 발음이 어색해서 신경이 쓰일 뿐 아니라 한국 사회에 만연해 있는 영어가 익숙하지 않아 자주 어려움을 느낀다. 다른 언어권에서도 마찬가지 문제를 찾아볼 수 있다. 삼중언어를 사용할 수밖에 없는 데에는 그 사회에서 실제 사용하는 언어 환경뿐만 아니라 최상층 언어에 대한 어른들의 심리가 큰 작용을 한다. 박성만과 배상희(2013)는 캐나다 몬트리올에 거주하고 있는 한인 교포의 자녀들이 삼중언어자가 될 수밖에 없는 환경적 요인에 대하여 분석했다. 몬트리올은 퀘벡 주에 있는데, 퀘벡 주는 101호 법안을 통하여 1977년 이래 프랑스어만을 공식 언어로 인정하고 있다. 따라서 이들은 가정에서 한국어, 공공장소에서 프랑스어로 생활이 가능하므로 굳이 삼중언어를 사용하지 않아도 되는 환경에 있다고 볼 수 있다. 그럼에도 불구하고 삼중언어를 사용할 수밖에 없는 이유는 특히 부모 세대 한인 교포의 영어 중시 심리가 작용하고 있기 때문임에 주목했다. 이 점이 캐나다 사회, 그중에서도 몬트리올 일대가 프랑스어와 영어의 이중언어 사회를 이루고 있다는 사실과 함께 작용하여 자식 세대가 삼중언어자가 될 수밖에 없는 결과를 낳은 것이다.

한국에서의 한-중 이중언어 어린이가 부담해야 하는 몫 또한 이와 마찬가지다. 류메이(여, 38, 교사)의 딸은 중국어를 알아들을 수 있으며 한국의 공립학교를 다니고 있다. 그런데 인터뷰 과정에서 중국어나 한국어보다는 영어가 재미있다는 이야기를 꺼냈다. 여러 가지 게임과 다양한 이야기가 있는 책을 통하여 배울 수 있어 재미있다는 것이다. 류메이 자신도 자기 아이가 잘하기를 원하는 언어로 우선은 학교 진도를 위하여 한국어를 꼽았지만 영어 역시 잘하기를 원한다고 답했다. 중국어는 자신이 직접 가르치거나 또는 가끔 중국에 있는 외가를 방문하는 것으로 언어를 유지하는 방법으로 삼고자 했다. 한편 중국에 있는 한-중 이중언어 어린이는 조선어와 중국어, 한국어라는 삼중언어와 맞부딪혀야 함을 앞에서 살펴보았다. 결국 한-중 이중언어 어린이는 어디에서 생활하건 삼중언어 이상을 감당해 내야 하는 부담을 안고 있는 것이 현실이다.

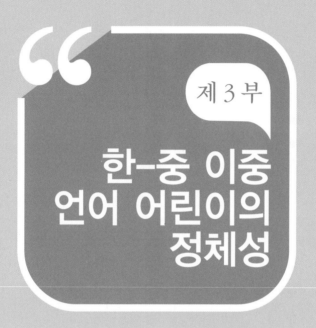

제 3 부

한-중 이중
언어 어린이의
정체성

❖

가윤은 운동 경기를 TV로 볼 때 한국과 다른 나라가 경기를 하면
자기도 모르게 한국을 응원한다. 가윤의 부모님은 모두 중국 국적
자다. 한국에서 태어나 줄곧 한국에서 교육을 받은 가윤은 중국어
를 거의 구사할 줄 모른다. 한국 학교에서의 성적은 탁월하다. 학교
에서 애국가를 부를 때에도 씩씩하게 잘 부른다는 아들을 볼 때마
다 가윤의 어머니는 자기 아들이 중국인임을 잊은 것이 아닌가 하
는 걱정을 할 정도다.

❖

제 6 장

나는
누구인가

01

언어와 소속감

       학교에 다문화 가정 출신의 학생이 있을 때 교사는 이 학생이 다문화 가정 출신이라는 사실을 다른 학생에게 알려도 될까? 이 질문에는 답이 없는 것 같다. 많은 교사들은 그래서는 안 된다고 생각한다. 그런데 오옥란(여, 45, 교사)은 자신의 경험을 바탕으로 안산 지역에서는 다문화 가정 출신임을 학생 스스로가 친구들 앞에서 떳떳하게 밝히고 싶어 한다고 주장한다. 그렇다면 교사는 학생이 원하는 대로 이를 공개하는 것이 옳은가, 아니면 공개하지 않는 것이 옳은가. 단언컨대 어느 한쪽 사례만을 보고 모두 똑같이 적용할 수 없다. 그 이유는 언어와 소속감 사이의 밀접한 관계 때문이다.

  김병운(2007)은 재중동포 학생 가운데 어려서부터 한족 학교에 다니다 보니 우리말과 우리글을 배울 기회가 없어 '민족어맹'이라 불리는 학생이 많은데도 학교에서 민족어 교육을 강화할 수 없는 이유로서, 인구의 감소와 유동, 학교의 통폐합과 감소, 중국어와 한족 학교 선호, 중국어과 강화, 교사의 감소 및 자질 부족을 들고 있다. 이와 같은 상황에서는 민족어 교육의 유무 및 강도에 따라 같은 언어 공동체 내부에서도 연령 차이에 따라 언어적으로 이질성을 띠게 된다. 그리고 이것은 소속감 문제로 이어질 수 있다.

  많은 학자들은 미래 사회에는 언어 때문에 벌어지는 차별이 없어져야 할 것이라고 생각한다. 국경을 넘나드는 사람들의 왕래는 계속 잦아지고, 그런 의미에서 이미 지구는 좁아졌다. 반면에 언어로 인한 소속감에서도 볼 수 있듯이 국제 언어로서의 지위를 누리고 있는 영어도 지역에 따라 여러 종류가 생겨나게 되었다. 따라서 기존에 형식화

> 문해(literacy)_ 전통적으로는 읽고 쓰는 것을 가리켰으나, 최근에는 기술 발전으로 언어를 이해할 수 있는 영상물 등을 통한 이해로도 개념 확대

되고 단일 문화와 단일언어에 갇혀 있었던 문해 교육을, 점점 세계화되고 있는 사회에서 다문화와 다언어를 존중하고 멀티미디어와 같은 이미지가 포함된 텍스트로도 확장시킬 수 있어야 한다(The New London Group, 1996). 이는 기존의 문해 능력이 전통적인 형태의 읽기와 쓰기에 국한되었던 것에서 크게 탈피한 것이다.

사실 현대 사회는 단순하게 글을 읽고 쓰는 것뿐만 아니라, 전자문서를 비롯하여 인터넷과 스마트폰 등 다양한 기기까지 자유자재로 사용할 수 있는 능력까지 요구하고 있다. 한국어를 아무리 사랑하는 사람도 'www'를 모르면 인터넷을 사용할 수 없듯이, 자신이 원하는 언어와 필요로 하는 언어 사이에는 큰 간극이 존재한다. 이는 한국어의 모습도 크게 바꾸어 놓는 계기가 되기도 한다. 이제 언어는 그 자체로 양상이 복잡하게 분화되고 있어, 자신이 변함없이 속해 있다 믿었던 사회의 언어조차 이해하기 힘들어지는 현상이 끊임없이 생겨나고 있다.

성인도 적응하기 어려운 상황을 우려하여, 재중동포는 자기 아이를 고향에 두고 오려는 성향을 보인다. 이런 아이를 재중동포 사회에서는 유수(留守)아동이라 부른다.[1] 박금해(2012)에 따르면 부모가 국외 등으로 노동력을 송출하거나 이혼이 급증하여 유수아동 현상이 특별히 심각하며, 농촌은 물론 도시의 유치원 및 학교에서도 유수아동이 차지하는 비율이 50~70%에 달한다. 또한 그 유형도 한부모가정, 조손가정, 친척의탁형, 기숙형 등 여러 가지 형태로 나타난다고 한다. 이런 상황에서 가정에서 기본적으로 이루어져야 할 언어 교육이 어려운

것은 물론, 언어 공동체의 일원으로서 소속감 역시 생겨나기 어렵다. 중국 내 재중동포의 어린 자녀들이 부모 세대가 사용하던 언어보다 중국어를 더 선호하는 현상이 빠르게 생겨나고 급속하게 퍼지는 가장 원초적인 원인이 되는 것이다.

언어로 인한 소속감은 성인이 되어서는 개인의 선택권으로 이어질 수도 있다. 물론 이것 역시 쉬운 여정은 아니다. 영국에서 출생해 미국 작가인 동시에 이탈리아 작가로 알려져 있는 라히리(Jhumpa Lahiri)의 모국어는 사실 벵골어다. 어머니가 50년이나 미국에 거주하면서도 여전히 벵골어로 시를 짓는 것을 본 라히리는, 자신이 교육받은 언어인 영어와 모국어이지만 제대로 읽지도 쓰지도 못하는 벵골어 사이의 관계를 두고 "역설적이게도 내 모국어 역시 외국어라는 생각이 든다"라고 표현했다. 뿐만 아니라 자신이 가장 자신 있게 구사하는 언어이자 교육받은 언어인 영어에 대해서 그다지 살가운 느낌을 느끼지 못했던 터라, 세계적으로 문학성을 인정받은 작가임에도 "내가 어떤 언어에도 속하지 못한 작가"라는 표현을 서슴없이 사용하기도 한다(라히리, 2015). 공교롭게도 자신이 사용하는 언어는 타자들의 언어와 차이를 발견함으로써 자기 주체성을 확인하게 할 뿐 아니라, 자기 스스로에게 내부적 소속감을 부여하는 장치로도 작용한다.

가산적 이중언어자와 감산적 이중언어자

집에서 아버지가 사용하는 언어와 어머니가 사용하는 언어가 다르다든가, 보모가 사용하는 언어가 다른 특별한 경우를 제외한다면, 아이는 보통 하나의 언어를 제1언어, 이후에 제2언어로 또 다른 언어를 배우는 과정을 겪는다. 연령대에 따라 이를 세분하여 구분하기도 하는데, 환경에 따라 태어나자마자 두 언어를 접하는 경우를 동시적 조기 이중언어(simultaneous early bilingualism), 대체로 세 살 이후 제2언어를 접하여 두 가지 언어를 사용하는 경우를 순차적 조기 이중언어(sequential early bilingualism)라고 부른다. 이보다 늦은 시기, 예를 들어 여섯 살 이후에 제2언어를 처음 접하면, 이들 조기 이중언어 어린이들과는 다른 언어 습득 메커니즘으로 이중언어를 배우는 것으로 알려져 있다(바우어, 2012).

이중언어 어린이의 부모는 자신의 아이가 두 가지 언어를 다 잘해 주기를 바란다. 만약 두 가지 언어 모두에 지적인 능력이 발달할 수 있다면, 이 어린이는 가산적 이중언어를 경험하고 있는 것이다. 그렇지 못하고, 이중언어 상황 때문에 어느 한 언어를 잊어버리면 이는 감산적 이중언어라 부른다.

> 가산적 이중언어(additive bilingualism)_ 제2언어가 제1언어를 방해하지 않아 두 언어가 공존하는 형태

> 감산적 이중언어(subtractive bilingualism)_ 제2언어가 제1언어를 방해하다가, 제2언어가 결국 제1언어를 대체하는 형태

한국으로 이주해 온 재중동포 가운데에는 환경을 어떻게 가꾸어 나가느냐에 따라 가산적 이중언어자나 감

산적 이중언어자가 될 수 있다. 자신을 둘러싼 환경이 중국어에 우호적이라고 느끼면 가산적 이중언어자가 되지만 중국어를 하는 순간 분위기가 차가워짐을 느끼면 아이들은 입을 다물어버리기 마련이다. 중국에서 장기간 거주하다 한국으로 귀국한 주재원, 경영자, 유학생 출신 가족 역시 한국에서 아이를 교육하다 보면 중국어에 우호적인 환경이 결코 아니라고 입을 모은다. 그러다 보니 아이에게 중국어는 점차 멀어져 가는 언어가 되었다가 결국은 잊혀지는 언어가 되어 매우 아쉽다는 것이다. 심지어 중국에서 생활할 때에는 한국어보다 중국어를 더 잘했던 아이조차 한국어나 영어를 더 많이 사용하게 되면서 그 영향으로 중국어를 잊는 경우가 적지 않다. 중국에서 거주하다 귀국한 한국인이 언어적 환경의 변화로 말미암아 모국어 쪽으로 기울어진다고 쳐도, 재중동포 출신 어린이는 부모나 자신의 가족이 중국어를 사용하는 것조차 싫어하기도 한다.

연령대가 비슷하고 환경이 거의 동일한 경우에도 가산적 이중언어자와 감산적 이중언어자로 나뉘어질 수 있다. 빅토리아와 올리비아는 각각 초등학생, 중학생 때 미국으로 이민을 갔다. 물론 한국 이름이 있지만 집에서도 영어식 이름을 사용한다. 겨우 세 살 차이인 이 두 자매의 언어생활은 현재 큰 차이를 보인다. 언니 빅토리아는 영어와 한국어를 고루 사용하며 얼마 전에 한국에서 취업 기회를 얻었다. 반면 동생 올리비아는 같은 집에서 자랐는데도 학창 시절부터 점점 한국어 사용을 기피하더니, 지금은 아예 한국어를 거의 사용하지 않는다. 자신과 성장과정이 비슷한 한국계 미국인과 결혼하여 가정을 이루었고 미국에 정착하기로 마음을 먹었다. 두 자매의 부모님은 최근 다시 한국으로 영구 귀국했는데, 올리비아는 부모님이 살고 있는 한국으로의 방문도 주저하는 편이다.

몇 살부터 가르칠까

장홍권(2000)은 조선어에서 중국어로 모국어 전환이 일어나는 재중동포 학생을 연구하며, 그 원인으로는 어릴 때부터 중국어와 더 자주 접촉한 데다 가정에서 모국어를 전수해 줄 어머니가 일 때문에 부재한다는 점을 꼽았다. 특히 이들이 자라나서 고등학교 교육을 이수하고 대학 진학을 결정해야 할 즈음이면, 사실상 중국어 수준이 높아야만 대학 입시 시험에 합격할 수 있는 구조이므로 언어 전환을 가중시킨다고 지적했다.

윤성문(1992)은 재중동포 사회 교육계에서 조선어나 중국어만을 강화할 것을 주장하는 사람들의 의견이 있지만, 이는 이들의 실제 언어 생활을 반영하지 못한 것이라며 강하게 비판한다. 그는 조선족 학교에서 이수 과목인 조선어와 중국어를 둘 다 홀시하는 경향이 있음을 지적하며, 가장 결정적인 요인으로 조선어 학교를 졸업했을 경우 대학 입학 시험에서 조선어와 중국어가 각각 60점으로, 다른 과목에 비하여 지나치게 점수 비중이 낮다는 점을 꼽고 있다.[2] 이러한 조치는 한족 학교의 '어문' 과목이 120이라는 점을 참고하여 각각 둘로 쪼갠 것으로 보인다.

앞에서 살펴보았듯이 이중언어 어린이를 평가하는 구시대적인 발상일수록 이중언어 어린이를 단일언어 어린이와 똑같이 평가하면서 이들에 대한 부정적인 생각을 갖게 한다. 그런데 이중언어자는 두 가지 언어를 구사하면서 메타언어 지식에 특히 강점을 가지고 있다. 이

점을 무시한 채 각각의 언어를 얼마나 잘하느냐로 평가하게 되면, 이중언어의 진정한 강점은 전혀 나타날 수가 없다.

장흥권(2012)은 다문해능력(multiliteracies)이 "우리 사회의 언어 및 문화 차이를 어떻게 해결할 것인가를 강조하던 전통적 연구의 제약을 극복하고", "노동자, 공민, 개인으로 생활하면서 언어를 활용하게" 할 것을 주창했던 뉴런던그룹(New London Group)을 인용하면서, 재중동포의 경우를 이에 적용해 보려 했다. 문해학습능력 교육의 목적이 직장, 정부, 공동체에서 변화하고 발전하는 언어에 접근할 수 있는 조건을 만들어 주며, 학생이 미래 사회를 설계하고 앞으로 직무를 수행하여 성공하는 데 필요한 중요 자질을 길러 주는 데에 있다는 사실을 인정한다면, 조선어와 중국어라는 이중언어 상태이고, 동시에 한국어에 끊임없이 영향을 받으며 다른 외국어도 배워야 하는 처지에 있는 재중동포의 의식을 새로운 각도에서 살펴볼 필요가 있다.

재중동포는 대개 한국어와 중국어, 조선어, 일본어 등 다언어를 배운 경험이 있다. 이들은 어렸을 때부터 이중언어 또는 다언어를 습득한 경험이 있기 때문에 아이의 언어 교육에서도 이중언어 교육이 필수라는 견해를 갖고 있다. 그렇다면 이들은 몇 살 때부터 모국어와 중국어 또는 제3의 언어를 배우는 것이 좋다고 생각할까. 연구에 의하면 모국어인 조선어는 두세 살부터, 중국어는 예닐곱 살부터, 제3의 언어는 여섯 살에서 여덟 살 사이가 가장 적합하다고 보았다(장흥권, 2012). 질문에 답한 대상자들은 모두 전문대졸 또는 대졸 이상의 고학력에 어려서부터 조선어와 중국어, 외국어를 배운 경험이 있다. 이들은 자신의 경험을 바탕으로 어릴 때부터 여러 가지 언어를 배우는 것에 강점이 있다고 믿는 것이다.

나이가 아무리 어리다 하더라도, 이중언어 교육은 언어뿐 아니라 다른 문화에도 새로운 다리를 놓는 효과를 가져온다. 언어와 함께 문화를 적절한 눈높이에서 교육하게 되면 타문화 이해 능력 발전 단계의 높은 단계로 쉽게 올라설 수 있다. 반면에 지나치게 어린 나이부터 이중언어 교육을 강요하는 것은 별로 도움이 되지 않는다. 또한 교육이라는 명목으로 아이에게 과도한 자극을 주고자 하는 것 역시 문제가 될 수 있다. 아이는 그 때문에 오히려 어려움을 겪을 수도 있기 때문이다. 너무 많은 것을 주입하려 한들, 어떻게 다 받아들일 수 있을 것인가.

그런데 한국에만 과도한 교육열이 넘치는 엄마가 있는 것은 아니다. 그래서 이와 같은 현상을 두고 '서양 엄마의 신경증'으로 부르기도 한다(Pinker, 2004). 프랑스는 초등학교에 외국어 교과서가 도입된 지 20년이 지났지만, 유럽의 다른 나라에 비하여 어린이의 외국어 실력은 뒤떨어지는 것으로 드러나 사실상 외국어 조기 교육의 실패를 인정할 수밖에 없었다. 바우어(2012)는 언어학자들과 교육학자들이 나이보다는 실력을 향상시킬 수 있는 조건이 외국어 교육에서 더 중요하게 작용함을 지적하고 있음에 주목했다. 초등학교 언어 교육의 실망스러운 결과는 중학교로 이어질 가능성이 크다.

언어와 문화는 함께하는가

언어와 문화는 밀접한 관계를 갖고 있음에 틀림이 없다. 철학자 비트겐슈타인의 말처럼 "내 언어의 한계는 곧 내 세계의 한계"이기도 하다(비트겐슈타인, 2006). 그렇지만 동시에 많은 사람이 언어와 문화를 동일시하기도 한다. 특히 언어도 문화도 순수한 어떤 것이라고 상상하면서 그 속에서 억지스럽게 둘 사이에 존재하지도 않는 상관 관계를 맞춰 넣는 오류를 범하기도 한다. 예를 들면, '에스키모 사람들은 눈에 관한 단어가 수백 가지나 된다'와 같은 이야기는 사실이 아니라 보아스(Franz Boas: 1858~1942)가 인류학적인 탐구를 통하여 에스키모인이 눈에 대하여 서로 무관한 네 가지 어근을 사용한다고 언급한 것을 그의 제자의 청강생 정도 되는 워프(Whorf)가 끼어들어 그 숫자를 일곱 개로 부풀리고, 이후 교과서나 언론에서 사실을 확인하지 않고 칼럼 등에 쓰면서 이 수치가 계속 부풀려졌을 것으로 추정된다고 한다. 거기에다 1980년대에 미국인류학회 연례대회(AAA: American Anthropological Association)에서 발표한 글에 코 비비며 인사하기, 낯선이에게 마누라 빌려 주기, 바다표범 고기기름 회로 먹기, 북극곰에게 할머니 내던지기와 같은 자극적인 내용이 실리면서 아마 사람들을 더욱 자극했을 수 있음이 지적되었다(Pllum, 1991). 이는 특정 언어와 문화를 연결시키고자 하는 대중의 심리를 엿볼 수 있는 이야기다.

한국에서도 화교촌을 만들어보겠다는 이야기가 인천에서 나왔을 때 한국 화교의 입장에서는 이를 받아들이기 어려웠다. 화교촌, 즉 차이나타운은 자연적으로 형성되는 것인데, 이것을 한국 사회에서는 자신들 머릿속의 이미지에 따라 인위적으로 조성하고자 하는 심리가 있고, 화교 사회에서는 그 심리를 받아들이기 어려운 것이다. 오히려 장례 문화나 결혼식과 같은 관습과 관련된 실질적 문제는 화교 입장에서 한국식 예장 문화를 아직도 받아들이기 쉽지 않고, 서울 이외의 지역에 사는 화교의 경우에는 화교식 결혼식을 하는 식당이 서울에 있기 때문에 버스를 전세 내서라도 서울에 와서 예식을 올려야 했다는 것이다. 그렇다고 하여 이들의 언어까지도 1세대 언어의 모습 그대로 변함없이 유지되고 있는 것은 아니다. 기존의 산둥 사투리가 이미 많이 약해졌으며, 산둥어에서만 사용하던 특정 단어는 쓰지 않게 되고, 한국어를 섞어서 사용하기도 하고, 젊은 세대일수록 푸통화를 사용해 버리기도 한다(장여홍, 2007).

《다문화 사회의 시민 교육(Educating Citizens in a Multicultural Society)》의 저자인 뱅크스(Banks, 2007)는 다문화 교육에 필요한 다섯 가지 차원을 꼽았는데, 그중 첫 번째가 바로 내용 통합(content integration)이다.[3] 미국 사회에서도 다문화에 대하여 오해나 편견을 가진 교사가 많다고 지적되었다. 예를 들어, 커리큘럼에는 멕시코 출신의 미국인이나 아프리카 출신의 미국인이 등장한다 하더라도 여전히 유명한 여류 물리학자, 소수인종 물리학자, 유색인종 물리학자와 같은 식으로 표현한다는 것이다. 이것이 진정한 내용 통합이 될 수 없음은 너무도 자명하지만, 의외로 이러한 예가 미국 사회에서 비일비재하다는 것이다.

중국과 한국 사이에 가로막혀 있는 문화에 대한 오해 역시 마찬가지다. 중국 사람은 모두 붉은색을 좋아하고, 가로등은 모두 홍등(紅燈)

이며, 언제나 만두를 먹고, 명절이 되면 치파오를 입고, 중국 사람 모두 판다를 아끼며, 집집마다 용과 관련된 무엇인가가 있을 것이고, 영화 대신 경극을 볼 것이고……. 이런 식의 오해를 문장으로 나열해 놓으면 우습지만, 놀랍게도 다문화 교육의 많은 부분이 바로 이런 모습을 하고 있다. 만약 아직 중국을 한 번도 경험해 보지 않은 한국 어린이에게 이런 내용을 '문화'라는 이름으로 가르친다면 어떻게 될까. 아마 평범한 중국인을 실제로 만날 때에는 치파오도 입지 않고 경극도 사랑하지 않으며 판다를 직접 본 적도 없는 그의 '중국인답지 못한' 모습에 실망하지 않을까. 바로 이런 점 때문에 언어 교육에서 큰 문화(Big Culture)와 작은 문화(little culture)를 학습자의 타 문화 이해 능력과 언어 능력에 맞추어 교육할 필요가 있다고 보기도 한다(Benette et al., 1999). 이때 큰 문화란 객관화되고 특수한 문화, 즉 역사적 사건이나 기념비적인 조형물, 또는 행정이나 정치, 종교와 관련된 기구 등을 인지하고 이를 설명하는 것과 관련이 있다. 반면 작은 문화는 주관적이며 일반적인 문화이기 때문에, 먹기, 구매 등 일상생활에서 볼 수 있는 다양한 활동과 관련된 것이다. 문제는 이것을 구분하는 것만이 중요한 것이 아니라, 타 문화 이해 능력이 발전되어 가는 과정을 이해하는 것이다. 그런데 앞서 뱅크스도 언급했다시피 내용 통합이 다문화 교육의 중요한 차원이자 시발점이기는 한데, 모든 사람이 처음부터 통합할 수 있는 것은 아니다. 적어도 타 문화 이해 능력 발전에는 다음과 같은 여섯 단계가 요구된다고 보았다(같은 글).

거부 — 방어 — 최소화 — 수용 — 적응 — 통합

⑤

거부에서 통합으로

거부(denial) 단계의 특징은 '바보 같은 질문'이다. 중국 사람을 만나자마자 당신 짜장면 잘 만드느냐 식의 질문을 던진다면 바로 이 단계라고 볼 수 있다. 이는 때로 정치적 분쟁으로까지 이어질 수 있다. 방어(defense) 단계의 특징은 '그들'의 명예를 훼손시키고 '우리'를 드높이는 것이다. 이 경우에는 한쪽에서는 자신들의 가치라고 생각하는 것을 다른 쪽에서는 그들만의 특권이라고 느낄 수 있다. 특히 소수자일 경우에는 더욱 가능성이 높아진다. 최소화(minimization) 단계의 특징은 물리적 보편주의나 초월적 보편주의에 기대는 것이다. 하늘 아래 다 똑같다는 생각을 갖고 있으며, 겉으로는 매우 친절하기도 하여 문화적으로 다른 사람을 끌어들이기까지 하지만, 왜 이들이 참여하지 못하는가에 대한 이해는 아직 없는 단계다. 뱅크스는 이 세 단계를 일컬어 민족중심주의적 단계라고 한다.

나머지 세 단계는 민족상대주의적 단계가 된다. 그중 첫 번째 단계인 수용(acceptance)의 특징은 자신의 문화적 맥락을 볼 줄 알며, 따라서 상대의 문화적 맥락도 볼 수 있는 것이다. 중국 사람과 함께 있으면서 "한국 사람 입장에서 보면……"이라고 말할 수 있는 것이 바로 이 단계라 할 수 있다. 여기에서 한 단계 발전한 적응(adaptation) 단계의 가장 큰 특징은 공감이다. 이때에는 자신이 인식하고 있는 문화의 틀이 참고가 될 수 있다. 만약 어떤 상황을 보고 "재중동포는 중국 사회에서 소수민족이니까, 아마도…… 했을 것이다"라고 판단할 수 있다면, 이 단계로 접어든 것이다. 마지막의 통합(integration) 단계는 캡슐화된 변방인으로 특징지을 수 있다. 이 단계에서는 타 문화에 대한 이해도가 높지만 오히려 자아중심적이면서도 이방인 같고, 또한 자신의 가치에 대하여 확신하지 않는 것처럼 보일 수도 있다.

앞의 여섯 단계를 굳이 거론한 이유는 한국어가 모국어이면서 중국어를 배우고자 하는 사람, 재중동포 출신으로 한국에 와 있는 사람, 북한이탈주민, 한국 거주 화교, 중국에서 장기 체류하다 귀국한 한국인, 중국 거주 재중동포, 중국어가 모국어이면서 한국어를 배우고자 하는 사람, 그 어느 경우에도 통합의 단계까지는커녕 반만큼도 가기가 쉽지 않아 보이기 때문이다. 하물며 이것은 어린이를 위한 언어 교육의 문제와도 직결되어 있으므로 한국 사회의 타 문화 이해 능력 수준이 어느 정도나 되는지 되새겨 볼 일이다.

06

언어와 개인의 정체성

윤우(여, 17, 학생)는 자신이 프랑스에서 태어나고 자랐다는 사실로 다른 사람들이 주목할 때 부담감을 느끼기도 한다. 왜냐하면 자신은 초등학교 입학 이전에 한국으로 귀국하면서 이미 프랑스어를 까맣게 잊어버렸기 때문이다. 그 후 프랑스어를 회복할 기회는 전혀 없었다. 하지만 국적 취득은 한국보다는 프랑스에서 앞섰다. 출생과 동시에 프랑스 국적을 먼저 취득했고, 교육 기회 또한 프랑스에서 먼저 시작했으며, 한국 친구보다 프랑스 친구를 먼저 사귀었으며, 한국으로 귀국한 후에야 한국 국적을 취득했다. 자신이 프랑스 사람이라고 생각한 적이 있느냐는 질문에는 단 한 번도 그런 적이 없다고 답했다.

가윤(남, 15, 학생, 가명)은 TV로 운동 경기를 볼 때 한국과 다른 나라가 경기를 하면 자기도 모르게 한국을 응원한다. 가윤의 부모님은 모두 중국 국적자로, 아버지는 재중동포 출신이며 어머니는 한족 출신이다. 한국에서 태어나 줄곧 한국에서 교육을 받은 가윤은 부모님이나 가끔 중국에서 한국에 오는 할머니가 구사하는 중국어를 알아들을 수는 있지만 자신은 제한적으로밖에 말할 줄 모른다. 중국어로 쓰는 것은 거의 못한다. 반면 한국 학교에서의 성적은 탁월하다. 학교에서 애국가를 부를 때에도 씩씩하게 잘 부른다는 아들을 볼 때마다 가윤의 어머니는 자기 아들이 중국인임을 잊은 것이 아닌가, 하는 걱정을 할 정도라고 말했다.

언어와 개인의 정체성(identity) 문제는 매우 밀접한 관계다. 중국의 동북 3성에 있는 재중동포의 자녀에게도 언어가 이들의 정체성에 변화를 끼치는 예를 볼 수 있다. 재중동포 집중 거주지에서 통혼 가능성을 조사하며 자신들은 재중동포끼리 결혼을 했는데 자식 대에서 타민족과 통혼하는 것을 반대할 것인지를 묻는 질문에 약 절반만이 이를 반대할 것이라고 답했다(지동은 외, 2009).[4] 세대가 아래로 내려갈수록 가정과 학교 등 자신이 속한 지역 공동체에서 조선어를 접할 기회가 점차 줄어들면서, 재중동포로서의 정체성 또한 옅어지고 있음을 보여 주는 것이다.

　　재중동포가 집중 거주했던 지역을 벗어나면 새로운 지역에서 새로운 정체성을 키워 가게 된다. 이들은 주로 동북 3성 지역을 벗어나 이주해 온 사람들로, 새로운 거주지에서 별도의 재중동포 거주지를 형성하고 살지 못한다. 이들은 주거에 있어서 대부분 한족과 이웃하여 살고, 특히 직업이나 고용에서는 한국인을 상대하는 경우가 잦다. 한국 기업이 제공하는 고용 기회가 이들의 사회적 지위를 결정하는 경향이 있어, 한국과 한국인이 이들의 자아정체성에 큰 영향을 끼치고 있는 것으로 나타났다. 그 때문인지 칭다오와 같은 연해 지구에서 한국 사람은 이들을 '조선족'이라고 부르지 않고 '교포'라고 부른다. 과거에는 재중교포가 스스로를 '교포'라고 생각하지 않고 중국에서 소수민족을 가리키는 용어인 '조선족'으로 스스로의 정체성을 받아들였으나, 한국인 사이에는 조선족이라는 용어 자체가 불법 근로자 등을 연상시키므로 '조선족'으로 불리는 것에 거부감을 느낀다는 것이다. 이들은 아무래도 한국어보다 조선어를 주로 구사하는데, 이 점 때문에 한국 사람은 이들에게서 또 다른 정체성을 발견하는 것이다. 한족은 이들을 선족(鮮族)이라는 표현으로 비하하려고 하는 경향도 있는

데, 이 역시 한족 주류 사회로의 진입 장벽이 분명 존재하며 이들이 결코 한족과 같은 정체성을 가질 수도 없음을 보여 주는 것이다(이상 권태환 편저, 2006).

그렇다면 언어와 개인의 정체성은 언제나 함께 가는 것일까? 이것은 단정하기 쉽지 않다. 한국에 있는 화교 학교 학생의 경우, 이들이 구사하는 언어가 푸퉁화와 거의 차이가 없기 때문에 한국 사람은 중국인과 동일시하는 경향이 있지만 사실 이들의 정체성은 어디까지나 한국 화교로서, 중국인과 동일시하기 어렵다.

한국 사회에서는 화교를 여전히 세계화에 뒤쳐진 존재라고 인식하거나, 중국의 잠재성을 두려워하면서도 한국에 투자를 해 주는 대상으로서 기대하는 태도가 공존하는데, 이와 같은 모습은 거의 100여 년 전에 완성된 것이다. 한국 사회에서 화교들이 느끼는 차별의 주체는 흔히 알려진 것처럼 박정희 대통령과 그 집권 시기로 소급하기보다는, 한국 내에서 정권이 바뀌어도 전혀 바뀌지 않는 일반 공무원의 위압적인 태도와 한국인의 차별적 시선이다. 이뿐만 아니라 개인의 차별 경험 또한 다양한 층위를 이룬다. 화교 자녀가 한국 사회에서 핸드폰 하나를 구입하려면 어렵고 번거롭지만, 같은 화교라 하더라도 외교관이라면 핸드폰 구매 등에 어려움을 겪어본 적이 없다는 것이다(이상 박준형, 2007).

차별적인 조치가 결코 의도된 것은 아니라 하더라도 결국 이들은 한국 국적자도 아니면서 한국에서 거주하고 있고, 화교라 불리기는 하지만 해외의 화교와는 동질감이 떨어지는 존재가 되었다. 이들의 자녀 또한 이방인으로서의 정체성을 가질 수밖에 없는데, 그렇다고 해서 다시 돌아갈 곳이 있는 것도 아니기에 임시 체류자 심리를 지니고 있는 것도 아니다. 이들의 정체성을 한국이냐 중국이냐 혹은 대만이냐, 화교냐 아니냐 하는 식으로 접근하면, 결국은 다수자의 입장에서 소수자를 억압하는 것에 지나지 않는다. '한국 화교가 산둥 출신이므로 이들의 언어 또한 산둥 말이어야 할 것이다'라든가, '대만식 교육을 받으므로 푸통화와 비슷한 대만식 표준어인 궈위를 구사할 것이다'와 같은 생각 역시 이들의 역사와 언어 현실을 제대로 직시하지 않은 편견에 불과하다. 2014년 다문화 청소년 패널조사에 따르면 중국계 어머니 가정 출신의 경우 각각 86.3%(어머니가 한족)와 90%(어머니가 재중동포)의 청소년이 자신은 한국인이라는 정체성을 보여 주었다. 이는 일본계 어머니 가정 청소년의 58.1%만이 한국인이라 한 것과 상당히 대조적이다.[5] 정체성은 이중언어 어린이에게 특별히 더 중요한 문제로, 결코 단층적이지 않다.

다음 장에서 살펴볼 언어 지위 문제에서 한-중 이중언어 어린이의 정체성에 대한 더욱 심층적인 실마리를 얻을 수 있을 것이다.

제 7 장

높은 언어
낮은 언어

01
언어의 지위

언어에는 지위(status)가 있다. 높은 언어와 낮은 언어가 있는 셈이다. 지위가 높은 언어를 위세언어라 부른다. 우세언어, 강세언어 등으로 불러도 마찬가지다. 이와 비교하여 상대적으로 지위가 낮은 언어를 약세언어라 부른다. 방언 가운데에도 마찬가지 현상이 있을 수 있으므로, 위세방언(prestige accent)과 약세방언 등으로 부르기도 한다. 언어

> 위세언어(prestige language 또는 high prestige language)_ 한 언어공동체에서 다른 언어보다 상대적으로 높이 평가되는 언어. '우세언어' 또는 '강세언어' 등으로 번역되기도 함. '약세언어'에 비해 상대적으로 문화적 지위 및 언어심리 면에서 우월한 지위를 차지하는 언어

와 방언을 나누는 기준은 분류의 기준에 대한 패권을 누가 갖고 있느냐에 달려 있는 문제다. 세계에서 사용되고 있는 언어와 관련하여 가장 공신력 있는 정보를 제공하고 있는 곳인 에스놀로그(ethnologue)에서는 현재 전 세계에 총 7,097개 언어 가운데 유럽에는 총 287개가 있는 반면, 아시아에는 무려 2,296개의 언어가 있다고 본다.[6] 이곳에서 언어로 분류하고 있는 'Chinese, Wu(吳)', 'Chinese, Yue(粤)'는 각각 상하이 방언, 홍콩 방언이다. 중국에서는 이들을 언어가 아닌 방언으로 분류하지만 언어를 분류하는 입장에서는 방언이 아니라 언어로 간주하는 것이 타당하다고 본 것이다. 만약 세계의 언어를 중국의 언어 및 방언 분류 체계로 판단한다면 그 개수가 훨씬 줄어들 것이다.

방언을 별도의 언어로 구분하지 않는 중국의 언어 분류 체계는 무엇보다도 중국어라는 하나의 언어로 강하게 결속할 수 있는 원동력을

제공한다. 만약 에스놀로그처럼 표준 중국어인 'Chinese'와 'Chinese, Wu(吳)', 'Chinese, Yue(粵)'를 각각 다른 언어로 놓는다면, 이들은 서로 위세언어로서의 지위를 차지하고자 경쟁하는 관계가 된다. 그런데 이것을 같은 시스템 내의 방언으로 분류하면, 단지 한 체계 속에서 서로 다른 층을 이루는 것이 되기 때문에 안정적인 운영이 가능하다. 소수민족 언어와의 관계 또한 전혀 다르게 해석할 수 있다. 에스놀로그에서는 중국의 재중동포가 사용하는 언어를 'Korean'으로 명명하면서 그 지위를 'Chinese'와 'Chinese, Wu(吳)', 'Chinese, Yue(粵)'와 함께 모두 대등한 각각 하나의 언어로서 다루고 있다.

언어의 지위는 고정된 것이 아니며 같은 공간에서도 시간에 따라 변화하기도 한다. 하지만 같은 언어 공동체를 이루며 동시대를 살아가는 사람들은 어떤 언어가 위세언어이고 어떤 언어가 약세언어인지를 느끼고 있다. 아마도 가장 분명하게 드러나는 부분은 언어 사용에 따른 직위나 월급 차이일 것이다. 언어 지위에 대한 성인의 생각, 그

언어 태도(language attitude)_ 어떤 언어나 방언에 대한 개인의 가치평가와 경향

리고 그에 따른 언어 태도는 어린이에게 직간접적으로 큰 영향을 미칠 수밖에 없다. 일례로 IMF 사태를 겪은 다음 한국

사회에 얼마나 큰 변화의 바람이 불었는지 생각해 보라. 2015년에 한국의 한 대기업 임원이 영어로 인한 스트레스를 감당할 수 없어 자살한 사건을 두고 대법원은 업무상 재해를 인정해 주기도 했다.[7] 한국사회는 한국어를 단일어로 사용한다고 알려져 있고 우리 스스로도 그렇게 생각하면서 살지만 착각이나 다름없음을, 현실은 그렇지 않음을 법원에서도 인정한 것이다. 영어가 한국에서 선택이 아닌 또 하나의 이유는 이것이 한국 사회의 위세언어이기 때문이다. 위세언어는 다시 말하자면 상층의 언어이기도 하다. 자신이 사회적으로 높은 지위에

앉아 있으면서 우리 사회가 위세언어라고 생각하는 것에 능통하지 못할 경우, 윗사람의 체면을 중시하는 한국 문화에서 "부하 직원들 앞에 어떻게 서야 될지 모르겠다"라는 하소연이 나오는 것이다.

중국어, 위세언어인가?

그렇다면 중국의 정치력과 경제력이 날로 커지는 이 상황에서 한국에서 중국어는 위세언어인가? 한국 내에서 중국어 교재 판매가 늘어나고, 중국어를 배우려는 어린이와 성인의 숫자가 증가하는 것 역시 중국어가 위세언어가 되어 가고 있다는 증거로 볼 수 있을까?

중국어가 한국에서 경쟁력 있는 언어로서 인지도를 확보해 가고 있다는 사실에는 이견이 없을 것이다. 하지만 위세언어인지의 여부는 불투명하며, 앞으로도 그 지위에 오르려면 여러 가지 난관을 극복해야 할 것이다. 한국의 중국어 열풍에는 어딘가 좀 석연치 않은 점이 있는데, 그것은 지금 이 열풍이 시작된 경로 때문이다. 2012년 이래 중국이 경제적으로 미국 국내총생산(GDP)의 절반 이상 수준으로 급성장하기 시작하면서 미국은 계속 이를 견제하는 태도를 보이고 있다. 갤럽 조사에 의하면 미국인이 생각하는 가장 큰 적으로 2014년에 중국이 1위에 오르기도 했다.[8] 그 이전에는 이란이나 이라크, 북한이 주를 이루어 왔다. 몇몇 매체는 IMF가 물가 수준을 조정하여 발표한 GDP 지수에 근거하여 선정적인 문구를 내걸며, 2014년에 중국 GDP가 미국을 앞섰다고 호들갑을 떨었다.[9] 적어도 아직까지는 국제기구들이 이를 확증해 주지 않고 있기에, 《이코노미스트(Economist)》에서는 위안화의 가치 평가 등 여러 가지 정황으로 미루어 2021년이면 중국 경제가 미국을 확실하게 앞설 것이라고 조심스럽게 전망했다.[10] 하지만 지금 이 순간 그 누구도 부정할 수 없는 사실은 불과 15년 전만 해도 미국의 3분의 1 수준이었던 중국 경제가 이제는 미국을 넘보는 단계로까지 진전했으며, 적지 않은 미국인은 이 점을 위협으로 받아들이고 있다는 점이다.

이런 영향은 미국 교육 현장의 풍속도도 바꾸어 놓고 있다. 미국 내 몰입교육 학교 가운데에서도 중국어는 가장 급성장하는 언어다.[11] 미국 외국어교육위원회(ACTFL: American Council on the Teaching of Foreign Languages)에 따르면, 2013년 현재 미국 전역에 있는 중국어 몰입교육 학교는 총 147개다. 1981년 샌프란시스코에 첫 중국어 몰입교육 학교가 개교한 이래 2005년까지 미국 전역에 총 20개교에 불과했던 점을 생각하면, 이는 짧은 순간에 이루어진 놀라운 성과다.[12]

이와 같은 미국 내 외국어 교육의 기류 변화로도 감지할 수 있듯이 중국어의 주가는 이미 높아졌다. 이는 영어를 위세언어로 간주하는 한국 사회에도 영향을 끼친다. 만약 미국의 영향이 없었더라면, 재중동포가 본격적으로 입국했을 때부터도 최소한 접촉으로 인한 유사 현상이라도 있어야 했다. 그러나 한국 내에서나 중국 내 재중동포의 거주지에서도 오랫동안 한국어가 위세언어로 인식되어 왔다.

한편 지난 20세기에 한국 사회는 중국어, 일본어, 러시아어, 영어가 위세언어의 자리를 놓고 서로 각축전을 벌이는 모습을 겪었다. 이를 언어 경쟁이라 하며, 특히 정치나 경제, 문화 또는 종교적으로 미약한 곳에서 종종 볼 수 있는 현상이다. 21세기 현재 한국의 일부 대학에서는 영

언어 경쟁 (language competition)_ 서로 다른 언어나 방언이 접촉했을 때 이들 언어들이 일정한 지위를 놓고 경쟁하게 되는 현상

어 강의를 의무화하거나 영어로 강의할 때 강사에게 더 높은 강사료를 지불한다. 수강생 가운데 영어가 모국어인 학생이 많아서 이런 제도를 시행하는 것은 결코 아니다.

오늘날 한국 사회는 한국어 이외의 어떤 언어를 배우는지가 한 개인의 사회적 지위로까지 이어지는 양태를 보인다고 말해도 과언이 아니다. 앞으로 또다시 각축전이 벌어질지, 어떤 양상이 될 것인지는 현재로서는 아무도 예상할 수 없다. 중국 내에서 새로 생겨나는 이중언어구의 위세언어 양상 또한 어떻게 펼쳐질지 모른다. 그런데 이런 변화는 중국에 있는 재중동포의 자녀에게는 예상치 않은 결과를 가져올 수도 있다. 이미 부모 세대의 언어를 배울 기회를 점차 상실해 가고 있는 상황에서, 심지어 부모와 떨어져 있는 재중동포 자녀인 유수아동의 언어 양상은 어떻겠는가. 한국에 있는 부모조차 한국 내의 언어 경쟁 상황에 휩쓸리는 바로, 현재에 말이다.

03

동북 3성 이중언어
언어 공동체의 궤멸

　　중국의 동북지역은 조선어-중국어라는 이중언어구를 이루어 왔다. 동시에 한국이라는, 유사하지만 차별되는 또 다른 언어 구역과 심리적으로도 문화적으로도 연결되는 통로이기도 하다. 하지만 이곳의 환경은 나날이 변화해 가고 있으며, 특히 중국어라는 언어로 점차 수렴해 가려는 경향을 강하게 보여 주고 있다.

　재중동포의 주요 거주지인 중국의 동북 3성은 경제적으로도 최근 큰 어려움을 겪었다.[13] 중공업이 경제 중심이었던 이곳은 1990년 후반 동북 3성 지역의 국유 기업들을 대량 구조 조정한 영향으로 750만 명 대량 실직이라는 어려움을 겪었다. 그러다가 2003~2012년까지 중국의 고속 성장을 따라가나 싶었지만, 다시 최근 석탄, 철강, 건자재, 시멘트 등의 과잉 공급으로 인하여 큰 어려움을 겪고 있다. 시진핑 정부 들어 경제성장률의 하락 폭은 더욱 커지고 있는 중이다.[14]

　박금해(2012)에 따르면 이주민 4~5세대에 해당하는 조선족 학교 학생들은 기존의 1~3세대와는 달리 국가가 바로 민족이라는 개념이 매우 희박하다. 조국을 묻는 설문에서는 중국이 자신들의 조국이라 대답하며 민족에 대해서는 조선족이라는 생각을 하는, 한국인들의 입장에서 보자면 다소 이중적인 모습을 보이기도 한다. 하지만 이는 중국의 소수민족 정책에 따른 교육의 효과라 보아야 할 것이다. TV 시청과 같은 문화 활동은 한국 채널을 보는 비율이 가장 높다. 한편, 중국 내의 조선족 교육은 광복 전에 볼 수 있었던 민족 교육과는 완전히 차원이 다른, 중국 공교육의 일부로서 존재한다. 조선어 학교 수도 줄고 조선어로 교육하는 시간도 점차 줄어들고 있다. 재외 동포가 미국이나 일본에 거주한다 하더라도 국적을 유지할 수 있었던 것과 달리, 중국은 반드시 중국 국적을 선택할 수밖에 없었기 때문에 더욱 이러한 차이를 보일 수밖에 없었을 것이다. 조선어를 강화하고, 조선어를 중심으로 한 학교를 증설시키기란 현실적으로 쉽지 않은 상황에 놓여 있다.

경제와 언어 또한 묘한 관계이다. 경제활동에 언어가 동반되기 때문이라 볼 수 있는데, 그 때문인지 중국 동북 3성에서의 경제 등락과 언어 사용의 양상 역시 무시할 수 없는 상관관계를 보여 주고 있다. 1990년 후반 대량 해직 사태가 벌어지던 시점은 재중동포가 타 지역으로 급격히 이주하는 시점과 맞물려 있으며, 그 후 대량 유입된 한족과 더불어 이중언어구를 이루어 왔던 시기가 최근 과잉 공급 이전 경기가 활성화되었던 시기와 겹친다.

조선어는 현재 중국 정부가 인정하는 교육 언어 가운데 하나다. 언어 자체로서의 지위는 안정적이지만, 문제는 이 지역 재중동포에게 보이는 정체성 문제와 이중언어자로서 가지는 실질적인 혜택 여부다. 만약 이러한 점들이 보장되지 못한다면, 신동북현상으로 대변되는 또 다른 변화는 이중언어구에서 중국어 단일언어구로의 전환이라는 뜻밖의 결과로 나타나게 될 것이다. 이는 결국 이중언어를 사용하는 재중동포 언어 공동체의 궤멸을 가져올 수밖에 없다. 이러한 기로에서 만약 조선어만을 강조한다면, 현재 상황을 고려하건대 큰 성과를 거두기는 어려울 것이다. 오히려 이중언어구로서의 특징을 살릴 수 있는 방안을 모색하는 것이 더욱 효과를 거둘 수 있을 것으로 보인다.

최상층 언어

언어 또는 방언구를 초월하여 사용되는 공통의 언어를 '최상층 언어'라 한다. 중국인의 언어 생활에서는 공식언어를 뜻하는 관화(官话; official language) 또는 표준어인 푸퉁화가 이에 해당한다. 한 개인이 여러 가지 언어 가운데 특정 언어를 선택해야 하는 상황이 빚어지면 이는 사실상 언어 경쟁 상태가 벌어진 것으로 볼 수 있다. 서로 다른 언어가 접촉하면, 그

> 최상층 언어(supreme language)_ 방언구를 초월하여 사용되는 공통의 언어로, 중국의 사회 언어 생활에서는 관화가 '최상층 언어'에 해당. 최상위 언어로도 번역

> 관화(官话; official language)_ 한위(汉语) 방언 중의 하나로, 다른 한위 방언들의 지위를 뛰어넘어 전 세계적으로 사용되는 교육용 언어

사회에서 어떤 언어가 최상층 언어가 될 것인지, 또한 어떤 영역에서 최상층 언어의 지위를 갖게 된 것인지가 드러난다.

중국 동북 3성 지역의 재중동포에게는 조선어, 중국어, 한국어라는 세 개의 언어가 경쟁을 벌이고 있다. 1952년 중국 조선족을 대표했던 정치가 주덕해는 "우리의 신문, 간행물의 용어는 평양을 기준으로 한다. 우리가 지금 평양을 기준으로 하는 것도 잠시적인 것이다. 조선이 통일되면 서울말을 표준으로 하여야 한다"고 하여, 평양말을 중심으로 한 조선어가 유일한 최상층 언어의 지위가 되도록 내버려 두지 않았다. 그러다가 이후 1963년, 당시 저우언라이 총리가 지린 성을 시찰하면서 "조선글에는 평양, 서울, 연변 세 가지 표준이 있다. 반드시 평양 표준을 전형적인 표준으로 삼아야 한다. 왜냐하면 우리의 조선 동

지들과 조선 인민들이 모두 이해하기 때문이다. 반드시 이 표준대로 말을 하고 글을 써야 한다"라는 지시를 내린다(전학석 외, 2000: 185~186). 그런데 언어 계통학적으로 볼 때 동북 3성 지역 가운데 헤이룽장 재중동포는 전통적으로 북한 방언 사용자보다는 한국어 방언 사용자가 더 많았다(국립민속박물관, 1998). 이는 랴오닝이 주로 평북 방언인 것과는 차이를 이룬다(국립민속박물관, 1997). 옌볜 지역에는 경상도나 평안도에서 온 이주자도 있지만, 대부분이 함경도 출신으로 알려져 있다(전학석, 1998). 이렇게 놓고 보면 자연적인 상태에서 인구 경쟁력으로 조선어가 최상층 언어가 될 리는 없고, 결국 정치적 경쟁력을 행사하여 조선어가 동북 3성에서의 최상층 언어 지위를 차지하도록 북돋은 셈이다.

그러나 1992년 한-중 수교 이후, 언어의 정치적 경쟁력뿐만 아니라 경제적 경쟁력이 중요한 요소로 부각되었다. 인구 구성면에서 큰 변화를 맞고 있는 상황은 인구 경쟁력이라는 점에서 중국어가 동북 3성에서 최상위 언어의 지위를 노려볼 수 있는 또 하나의 새로운 요소로 작용할 수밖에 없다. '조선어문사업조례' 제4조에서 이미 중국어를 통용할 수 있도록 규정해 놓았다는 사실에서, 중국어는 정치적 경쟁력 또한 이미 갖추고 있다.[15]

한편, 한국 내 상황은 어떠한가. 한국 사회에서는 오로지 한국어만을 공식적인 말과 문자로 인정하고 있기 때문에 정치적 경쟁력 면에서는 한국어 세력이 압도적이다. 그러나 한국 생활을 해 본 재중동포 다수는 한국 사회의 영어를 지나치게 중시하는 태도에 혼란스러움을 느낀다고 말한다. 이런 한국 사회의 내밀한 언어관은 한국어와 한국 문화에 적응하기에도 벅찬 이들을 더욱 고통스럽게 만들기 일쑤다. 이런 경험 때문에 경제력을 갖춘 재중동포 가정에서는 일찌감치 아이들에게 영어 학습에 매진하도록 강조하기도 한다.

소민족 집단

재중동포의 일상 언어 생활을 들여다보면 대략적인 이들의 언어 미래가 보인다. 어차피 집중 거주지를 예전처럼 유지할 수 없는 바에는 산발 거주지처럼 한족과 더욱 빈번하게 교류하는 것을 염두에 두고 점차 중국어 사용 빈도를 늘려 갈 것이다. 이 와중에 의외의 결과가 있는데, 그것은 재중동포가 즐겨 듣고 부르는 노래다. 현재의 언어 생활을 보면 당연히 중국어 노래를 선호할 것 같지만, 재중동포 집중 거주지에서는 90% 이상이, 산발 거주지에서는 83% 이상이 조선어 노래를 즐겨 듣고 부른다(지동은 외, 2009). 산발 거주지에서 재중동포와 한족이 함께 있을 때 겨우 22%가 조선어를 사용하고 신문 선호도에서는 절반 정도만 중국어 신문이 아닌 조선어 신문을 읽는다고 한 것과 비교하면, 이는 상상하기 어려울 정도로 매우 높은 비율이다.

재중동포가 조선어 노래를 즐긴다는 사실은 이들이 언어적으로 소민족 집단을 형성함을 보여 주는 단적인 예다. 이들만이 공유하는 지역, 방언, 문화 방면의 가치는 시간이 지나면서 위세언어로 대체될 가능성이 높지만

> 소민족 집단(sub-ethnic group)_ 소민족 집단은 공통 지역, 방언, 민속 문화 심리 등을 공유하는 집단을 가리킴

그렇다고 단순하게 일거에 휩쓸어 버릴 수는 없다. 노래에 담긴 정서적인 면은 위세언어를 선호하는 심리에 언어의 실용적 측면만 적용하지는 않음을 보여 주는 사례다. 조선어를 단일언어로 삼던 단일언어구에서 중국어와 공존하는 이중언어구로, 나아가 중국어가 위세언어

로 맹위를 떨치는 상황으로 급변하게 되었지만, 그 속에서도 재중동포의 무의식은 소민족 집단으로서의 소속감을 기억하고 있는 것이다.

동북 3성 지역에서 연해 지구 또는 베이징 등의 대도시로 이주하는 재중동포는 주류 사회인 한족과의 직접 경쟁에서 살아남기가 결코 쉽지 않다. 개혁개방 이전인 1970년대 이전에 이 지역으로 이주한 사람들은 대부분이 중국 정부 기관 또는 당이나 군의 관리직이거나 관련 연구소에 근무하는 고학력자여서, 인원도 매우 적고 직업 종류 또한 다양했다(오성애, 2012). 여러 계층이 섞여 생활하지는 않았던 것이다. 이러한 이유로 이들이 소민족 집단을 이루기는 쉽지 않았을 것으로 짐작할 수 있다. 그러나 개혁개방 이후인 1980년대 이후로는 통역이나 무역 관련 직업의 수요가 크게 늘고, 기업가는 물론, 단순 노동자도 대량 필요했으므로 여러 계층의 사람들이 섞여 지내게 되었다. 이런 상황에서 재중동포가 이미 중국어를 배우는 학교에서 졸업하고 중국어 실력은 완벽하게 갖추었다 하더라도, 이들로서는 극복하기 쉽지 않은 한족 주류 문화의 장벽이 분명히 존재하고 있다(권태환, 2006). 이런 이유로 이들은 소민족 집단을 이루고, 베이징의 차오양(朝陽, 望京), 상하이의 창닝(長寧, 柏), 칭다오의 청양(城陽)과 리창(李滄) 등에서 자신들의 언어 문화를 새로이 만들어 가고 있는 중이다.

한국 내에서도 한국어와 중국어가 공존하는 소민족 집단을 이룰 가능성이 있는 경우를 살펴볼 수 있는데, 서울의 영등포구, 경기도 안산, 평택 등 재중동포 출신과 북한이탈주민 출신 다문화 가정 밀집 지역과, 한국의 화교 사회가 이에 해당한다고 볼 수 있다. 최근에는 제주도를 중심으로 부동산투자 영주권 제도에 의한 중국인 이주자도 생겨나고 있는데,[16] 현재로서는 이들이 개인 투자자 자격으로 참여하고 있어 향후 한국 사회에서 소민족 집단을 이루게 될지는 미지수다.

06
언어충성

　　중국의 동북 지역에 거주하고 있는 재중동포는 고령일수록 조선어에 대한 언어충성도가 높다. 하지만 소민족 집단의 언어충성이 아무리 강하다 하더라도 제도는 노력 없이 정착되지 않는다. 1988년에 공포된 '연변조선족자치주조선어문사업조례'는 당시 30개의 소수민족자치주 가운데 제

> 언어충성(language loyalty)_ 자신의 언어 또는 방언에 대한 애호 또는 애호의 정도. 언어충성도라고도 함

일 처음으로 제정되고 반포되어 재중동포의 제반 조선어문사업이 법적 보호를 받을 수 있게 되었다(전학석 외, 2000).

　　중국 커자(客家) 사람에게는 "조상의 논은 팔아도 조상의 말은 잊지 않는다"라는 말이 있고, 민난(閩南) 사람에게는 "집은 팔아도 말(사투리)은 바꾸지 않는다"라는 말이 있다(游汝杰 外, 2008). 전 세계 어디를 가더라도 차이나타운이 건설되고 이것이 대를 이어 명맥을 이어가는 데에는 언어에 대한 중국인의 각별한 애정과 자부심이 뒷받침하고 있다고 볼 수 있다. 이럴 경우에는, 자녀들의 교육 문제에서도 자신들의 언어를 어떤 방법으로든 전수하는 것이 당연하다고 여긴다.

　　한국어를 공유하는 여러 집단이 단둥이라는 한 공간 속에서 보여주는 언어적 양상(강주원, 2013) 가운데 북한 사람 또는 북한 화교는 자신의 언어와 함께 정체성을 최대한 감추려고 하는데, 이런 모습 속에서 언어충성이라고는 눈곱만큼도 찾아볼 수 없다. 또한 한국으로 이주한 재중동포 가운데에도, 자신의 원래 언어를 최대한 지우고 어

서 한국어로 전환하고자 하는 심리를 드러낸 경우가 있었다. 서울의 대림동으로 이주한 재중동포는 현재 전체 거주민 가운데 30% 정도나 되는 매우 높은 비율을 차지하고 있지만, 자녀를 위하여 중국어 학교나 이중언어 학교가 생기는 것을 원하지 않았다(서지수, 2012). 이들 재중동포 스스로가 중국어 또는 자신들의 이중언어 상황에 대한 언어충성이 높지 않기 때문이다.

만약 이주민의 언어충성이 지나치면 원래 그곳에 살던 사람들은 이로 인하여 위협을 느낄 수도 있다. 앞서 '새로운 한–중 이중언어구의 생성'에서도 이야기했다시피, 헤이룽장 성에서 최근 재중동포로만 이루어졌던 거주지의 비율이 점차 줄고 한족이 수적으로 늘고 있다. 이런 상황에서 재중동포 자녀는 나이가 어릴수록 중국어를 사용하는 비중이 점차 높아지고 있다(허덕행·박태수, 1990). 그렇다면 비슷한 상황에서 왜 한족에게는 언어충성이 작용하여 이주민이면서도 자신들의 중국어를 지키고, 기존에 살고 있었던 재중동포에게는 조선어에 대한 언어충성을 기대할 수 없게 된 것인가.

양층언어 현상

이주민인 한족이 높은 언어충성을 보이는 반면, 원래 거주민이었던 재중동포에게는 조선어에 대한 언어충성을 기대할 수 없게 된 이유는 어디에 있을까? 중국이라는 국경이 크게 작동한 것인가, 아니면 중국어가 상층언어이기 때문인가. 이것을 이해하기 위해서는 중국 사회에 만연한 양층언어(diglossia) 현상을 살펴볼 필요가 있다. 양층언어 현상이란 한 사람이 일상생활

> 상층언어(high language)_ 관공서, 작업장 등에서 사용하는 해당 지구의 공통어

> 양층언어(diglossia)_ 표준 언어를 구사하면서 관련된 방언 한 가지를 구사하는 것

가운데 상황에 따라 서로 다른 언어를 사용하는 것인데, 이때 한 언어가 더 상위 개념일 때를 일컫는 것이다. 중국인 입장에서는 서로 다른 상황에서 두 가지 혹은 그 이상의 방언을 사용하는 것도 양층언어에 속한다. 이를테면 한 상황에서는 지역 방언을 사용하다가 다른 상황에서는 표준어를 사용하여 의사소통 하는 것이다. 즉 양층언어 현상이란 '언어의 사회적 기능'에 대하여 말하는 깃으로서, 동일한 사회의 일상생활 가운데 두 개 혹은 그 이상의 언어가 병존하여 상황에 따라 다른 언어를 사용하게 되고, 이로 인하여 언어 사용에 층차가 생기는 것을 말한다.

양층언어 현상은 원래 사회언어학의 창시자 중 한 사람으로 손꼽히는 퍼거슨(Charles Ferguson: 1921~1998)이 한 논문에서 발표하고 그의 뒤를 이어 또 다른 사회언어학의 창시자 중 한 사람이라 불리는 피시

맨(Joshua Fishman: 1926~2015)이 관련 글을 쓴 이래, 현재에도 계속 발전하고 있는 이론이다(Ferguson, 1959; Fishman, 1967). 퍼거슨은 하나의 언어 공동체 내부에서 두 개의 층을 이루고 있는 양층언어 현상을 매우 안정적인 상태로 보았다. 이를테면 대림동의 재중동포가 관공서나 은행 같은 공적 장소에서는 한국어를 사용하다가도 식당에서 음식을 주문할 때에는 조선어를 중국어와 섞어 사용하는 현상을 양층언어 현상이라 할 수 있다. 부산 학생이 학교에서 교과서를 읽을 때에는 표준어를 사용하다가도 친구와 함께 집에 갈 때에는 부산 사투리를 사용하는 것과 마찬가지인 것이다.

중국에서는 양층언어 현상을 '양언현상(两言现象)'이라고도 한다. 양층언어 현상은 중국에서 보편적으로 존재하는 것이다. 방언구에 거주하는 사람들 대부분이 표준어인 푸퉁화를 구사할 줄 알지만, 상황에 따라서는 푸퉁화와 방언을 선택적으로 사용한다(游汝杰 外, 2008). 예를 들어, 홍콩 사람이 이야기하는 것을 베이징 사람은 거의 이해하지 못하지만, 홍콩 사람은 중국 대륙에서 제작하는 국영 TV 방송을 상대적으로 쉽게 이해한다. 그럼에도 홍콩 사람이나 베이징 사람이나 이것을 중국에서 흔히 볼 수 있는 현상이라 생각한다. 다시 말하자면, 중국 내 양층언어 현상은 보편적이고 당연한 현상이라고 받아들이는 것이다. 이와 같은 인식이 동북 3성 내의 재중동포의 거주지로 이주한 한족 이주자에게도 마찬가지로 작용하는 것이다. 언어학적으로 보자면 재중동포의 언어와 한족의 언어는 완전히 다른 계통이지만, 이것이 중국의 한 언어로 분류되어 있는 한 이와 같은 양층언어 현상에 대한 인식은 앞으로도 자연스럽게 받아들여질 가능성이 크다.

인접한 지역 간에도 양층언어 현상의 양상은 차이를 보일 수 있다. 재중동포는 이들이 평소에 어떤 언어 환경에 처해 있는가에 따라, 언어 구사뿐만 아니라 언어에 대한 태도(attitude)에서도 큰 차이를 보일 수 있기 때문이다. 이들의 언어 환경을 크게는 두 가지로 나누어 볼 수 있는데, 이는 재중동포가 전체 인구 가운에 얼마나 큰 비중을 차지하는가에 따른 구분이다. 예를 들어 옌볜조선족자치주는 재중동포가 상대적으로 밀집한 곳이기 때문에 집중 거주지로 분류된다. 반면에 랴오닝의 재중동포는 인접해 있지만 산발 거주지로 구분될 수 있다.

이뿐만 아니라 조선어와 중국어, 혹은 둘을 섞어 쓰는 영역은 공적 장소인가 아니면 사적 장소인가로 나눌 수 있다. 시장, 은행, 병원, 정부 기관 등은 공적 장소로, 상대가 어떤 언어를 사용할지 모르는 상황에서 집중 거주지와 산발 거주지 동포들이 선택하는 언어의 비율은 산발 거주지에서는 어느 영역이건 중국어 사용이 90~99%, 집중 거주지에서는 시장 약 68%, 은행에서는 약 55%, 병원에서는 약 38%로 중국어를 사용하여, 영역별로 크게 차이를 보인다. 똑같은 공적 장소라 하더라도 비율에 차이가 나는 이유는 자신과 말을 하는 상대의 언어와 관련이 있다. 예를 들어, 사회·경제 영역에서는 중국어가 아무래도 주도적인 지위로서 통용어 위치를 차지하고 있기 때문에 판매원이나 은행원은 중국어를 사용할 것이라고 생각하여 집중 거주지에서도 중국어 사용 비율이 높다. 하지만 병원의 경우, 옌지 옌볜 병원 의사의 70% 이상, 간호사의 50% 이상이 재중동포이므로, 이들은 굳이 중국어를 사용할 필요성을 크게 느끼지 못하고, 오히려 조선어로 의사소통하는 것이 자연스럽다고 생각하는 것이다(지동은 외, 2009: 39).

한국은 중국의 언어 속국이 될 것인가

터무니없어 보이는 질문일지 모르나, 한–중 이중언어구에서의 힘의 균형에 대하여 생각할 때 한번쯤 나오는 질문이다. 왜냐하면 중국어 사용자는 중국어에 대해 언어충성도가 높은 반면, 재중동포는 그렇지 못하기 때문에 중국어로의 쏠림 현상은 가속화될 수밖에 없다. 다행히 실제로 중국 인구의 규모와 해외 화교의 행보를 보면 한국이 언어적으로 중국화되어야 할 이유나 명분도 없을뿐더러, 그것을 원하는 중국 사람도 없음을 알 수 있다. 언어가 자국을 넘어 세계 각지로 퍼진 영어 · 프랑스어 · 스페인어 등은 다른 언어권의 다양한 계층으로부터 노동력 및 인적 자원을 끌어들여, 자신들이 필요로 하는 곳에 배치할 수밖에 없는 상황이었다. 하지만 이미 공식적으로 13억 이상인 중국 인구는 중국어를 구사할 수 있는 노동력과 인적 자원이 전 세계를 덮고도 이미 남음을 방증한다. 중국 화교들은 해외 진출 이후, 세계 어디에서든 차이나타운을 만들어 낼 정도로 해외 정착력이 높다. 여기에 잠시 있다가 다시 돌아가겠다는 임시 체류자 심리가 적다고 봐야 한다.

한국어와 중국어를 동시에 구사하며 업무를 볼 수 있는 인원은 지금도 한국과 중국 양국에서 동시에 수없이 배출되고 있다. 중국 내만 보아도 현재 중국 정부가 시행하고 있는 '유학중국계획(留学中国计划)'이라는 프로젝트에 의하면 2020년까지 총 50만 명의 해외 유학생을 중국으로 영입하여 이 방면에서 아시아 선두를 차지하고자 한다.

2013년에 이미 중국 내에 35만 명이 넘는 해외 유학생이 있는데, 이들 중 한국 유학생은 큰 부분을 차지한다(구자억, 2014). 참고로 2013년을 기준으로 한국에 유학 온 중국어권 유학생은 총 5만 5,000명 이상이었다.[17]

거기다가 재중동포 사회의 전통적인 조선어 중심의 소민족 집단이 궤멸 위기에 놓이면서, 이와 같은 우려가 한국 사회에 증폭될 수도 있을 것으로 보인다. 또한 2015년에 교육부에서 초등학교 한자 병기안을 제시하는 과정에서 사회적인 파장이 적지 않았는데,[18] 이것이 현재에도 한자를 전용하는 중화 문화권에 대한 반감으로 이어지지 않는다는 보장도 없다.

미국과 중국 간의 군비 경쟁, 환율 전쟁과 같은 국제 정세 변화 역시 한국 사회에 끼치는 파장이 크다. 한국에서는 최근까지 영어를 최상층언어로 인식해 왔는데, 거리상 직접 접촉이 잦은 중국과 인적 물적 교류가 빈번해지면서 심리적으로 큰 전환을 맞게 되었다. 2010년 이후 일본의 우경화가 거세어지고 있는데, 이 기류 또한 중국의 급성장과 무관하지 않다. 이해는 중국의 GDP가 일본을 넘어서고 처음으로 중국이 세계 2위의 경제 대국으로 등극한 해이기도 하다.[19] 일본이 세계 경제 2위의 타이틀을 빼앗긴 후 진행된 우경화는 내부적 불안감에 기인한다고도 볼 수 있다. 규모도 큰 데다가 급속하게 성장하고 있는 중국은 한국의 입장에서도 버거운 상대임에 틀림없다. 또한 전통 시기 한반도와 중국 대륙의 힘의 역학 관계를 떠올려 본다면, 이와 같은 우려를 표명하는 것이 무리는 아니다.

이러한 상황에서 한-중 이중언어구의 존재는 우리에게 더욱 소중하다. 한국과 접촉이 활발한 도시 지역에서는 한족의 조선족 학교 선호 현상마저도 관찰된다. 옌볜 투먼(圖們)과 같은 곳에서는 한족의 조선족 학교 입학 현상이 널리 나타나고 있으며, 민족 교육을 담당하는 사람들도 정책적으로 이를 조선족 학교 유지의 한 대안으로 생각하고 있다(권태환 편저, 2006: 104).

이중언어구에서의 힘의 균형이 지켜질 때에 비로소 한군데로 쏠리지 않는 완충 지역의 역할을 할 수 있다. 퀘백의 예를 떠올려 보자. 프랑스어와 영어의 힘의 관계는 굳이 따질 필요가 없을 정도이지만, 영어를 사용하는 캐나다 속에 퀘벡 지역이라는 이중언어구가 있다는 것은 프랑스어 입장에서는 매우 중요한 사안이다. 단, 생랑베르(St. Lambert)에서 비롯된 몰입 프로그램(immersion program)이라는 획기적인 아동 교육 방안이 자발적으로 마련되었다는 사실을 우리는 교훈으로 삼아야 할 것이다.

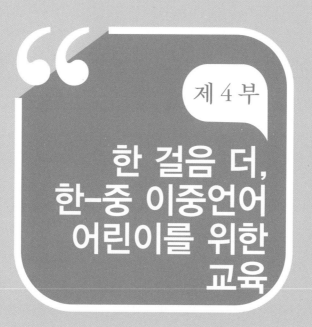

제 4 부

한 걸음 더, 한-중 이중언어 어린이를 위한 교육

❖❖❖

친친은 한국의 학교에서 이중언어 교사로서 한-중 이중언어 어린이들을 가르친 적이 있었다. 이중언어를 구사하는 아이들 가운데 문제를 겪고 있는 아이들은 이중언어 교사에게 특별히 친밀감을 느끼는 경우들이 적지 않다는 것을 친친은 경험으로 알고 있다. 문제 아이들에게 더 정이 많이 갔지만, 학교에서는 더 이상 재계약을 해 줄 수 없다는 통보를 받았다. 겨우 정이 든 선생님이 학교를 그만둔다는 소식에 아이들은 다시 입을 닫았다.

❖❖❖

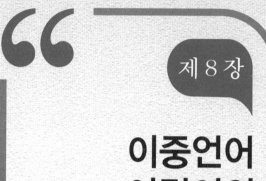

제 8 장

이중언어
어린이의
언어 발달

01

말투와 친밀감

아이 말투

친친(여, 33, 대학원생)이 필자를 찾은 것은 대학원 진학 추천장을 부탁하기 위함이었다. 친친은 대학에서 필자의 강의를 여러 번 들었기에 필자를 잘 알고 있다고 믿고 있었다. 하지만 인터넷과 모바일로 강의를 들은 것인지라 우리는 개인적으로 만난 적이 한 번도 없었고, 제대로 된 추천장을 써 주기 위해서라도 서로 만나야 할 필요가 있었다. 처음 만난 자리에서 친친은 자신의 이야기를 소상히 들려주었다.

필자는 원래 전공이 중국어 음운학, 즉 사람의 발음을 듣고 분석하는 것이었던지라, 중국에서 온 사람의 한국어 발음을 듣는 순간 여러 가지 단상을 동시에 떠올린다. 예를 들면 그 사람이 한국에 온 지 얼마나 되었는지, 한족인지 아니면 재중동포인지, 중국어를 편하게 생각하는 사람인지 아니면 한국어를 편하게 생각하는 사람인지, 한국어를 늘 하는 사람과 함께 지내는 사람인지 아닌지, 자주 만나는 한국 사람은 어느 지방 출신인지 등, 만나서 몇 마디 나누어 보면 대체로 짐작이 맞아떨어지는 경우가 많다. 개인차는 물론 존재한다. 하지만 언어의 특징은, 그 누구도 시간을 건너뛰기가 쉽지 않다는 점이다. 1년 배운 사람과 3년 배운 사람의 차이는 한 살짜리가 말하는 것과 세 살짜리가 말하는 것을 비교하면 될 정도로 명확하게 드러나는 경우가 대부분이다.

그런데 친친은 발음만 듣고는 예측이 쉽지 않은 경우였다. 나중에 듣고 보니, 친친이 한–중 이중언어 교사를 하면서 이중언어 아이들에게서 느낀 특별한 감정 때문이었다. 특히 내가 처음 받았던 이메일을 기준으로 보면 친친의 한국어 실력은 그 짧은 시간에 도달할 수 있을 것이라 믿기 어려울 정도로 뛰어났다. 앞에서도 이야기했듯이 외국어 학습에서 쓰기는 언제나 가장 어려운 부분인데, 편지를 이렇게 잘 쓴다면 말은 또 얼마나 잘할까 하는 것이 필자의 솔직한 기대였다. 그런데 현장에 나타난 친친의 발음은 그 정도를 한국에서 살았다면 당연히 도달할 수 있는, 더도 덜도 아닌 정도의 한국어 발음이었다. 또한 자신이 한국 사람도 중국 사람도 아니라고 느끼는 아이들의 발음이기도 했다. 친친은 그런 아이들처럼 발음하고 있었다.

　　아이 발음은 일반적으로 아이 어머니의 특기이기도 하다. 평소에는 똑똑한 발음으로 말을 잘만 하던 아이 어머니도 자기 아이만 보면 무장해제 되어 "오늘 학꾜에쩌 아파 해쪄요?", "사슴이가 싸탕 주째요, 했어?"라며 아이의 말투로 말하는 경우가 있다. 아이들은 아빠와 전혀 상관없는 상황에서도 돌연 "아빠"라고 하는 경우가 있는데, 그 이유는 실로 다양하다. 아빠라면 그렇게 하지 않았을 것이다, 아빠처럼 행동한다, 저 사람도 아빠 나이 정도 되는 것 같다, 이렇게 던지면 아빠한테 꾸중 듣는다 등, 이 모든 경우에 오로지 "아빠"라는 한마디로 아이들은 결판을 본다. 그런데 아무도 이해할 수 없는 이 느닷없는 "아빠"라는 표현을 엄마들은 무슨 말인지 쉽게 알아듣는다. 언어학에서는 이를 '아기 말투'라는 용어로 설명한다. 이 말투의 특징은 전 세계의 멀쩡한 어른들이 이를 고쳐주기는커녕, 오히려 곧잘 따라한다는 점에 있다. 어른의 입장에서는 언어 퇴행이 아닐

아기 말투(baby-talk)_ 영아 또는 유아를 중심으로 하는 발화

수 없다. 하지만 여기에는 틀림없이 긍정적인 효과가 있다. 자신도 모르게 대화의 상대인 아기의 화법을 따라함으로써, 이제 막 말을 배우기 시작한 아기를 격려해 주면서 말로써 함께 손잡고 가는 것이다. 이 순간만은 가르치는 어른과 배워야 하는 아기의 관계가 아니라 같은 길을 나란히 가는 친구가 되고 싶은 것이다.

친구 만들기

그렇다면 아기 말투를 쓴다고 친구가 쉽게 될 수 있을까? 한국에 도착한지 오래되지 않은 한-중 이중언어 어린이는 이와는 전혀 상반된 경험을 할 것이다. 발음이 다르다는 이유로 한국 사회에서 차별을 경험하기 때문이다. 이것이 두려워 부모 가운데 한 사람 이상이 중국어가 모국어이지만 아이에게는 아예 중국어를 가르치지 않는다는 가정도 적지 않다. 부모가 말을 가르쳐 주고자 하지만, 유치원이나 학교, 학원 등에서 친구들로부터 놀림 받는 것이 싫어 아이가 중국어 사용을 거부하는 경우도 있다. 이들이 호소하는 공통점은 오로지 하나, 바로 '어색한 한국어 발음'이다. 아이들은 한 살만 되어도 외국인이 하는 발음을 구분해 낼 수 있다. 거기다 학령기 아이들은 이미 아기 말투를 사용하지 않는다. 이 때문에 불완전한 발음은 그 자체로 아이들 무리에서 드러날 수밖에 없다. 그런데 친친이 바로 이 어색한 발음으로 한국어를 하고 있었다.

친친은 한국의 학교에서 일한 경험을 매우 소중하게 생각하고 있었다. 특히 말썽꾸러기로만 알려졌던 아이들이 사실은 이중언어자로서 느끼는 마음의 상처를 안고 있음을 조금씩 알게 되었을 때, 단순히 이중언어 강사로서가 아니라 자신이 그 아이들 곁에 꼭 있어야 할 사람이라는 느낌을 받았다고 한다. 중국어를 이해하는 어린이 또는 이에 대한 사전 지식이 전혀 없는 어린이에게 다문화 이해 수업 및 중국어 수업을 하기도 하고, 이중언어 어린이가 국어나 사회 같은 과목에서 학교 진도를 따라가기 어려워할 경우에는 자신이 직접 교실로 들어가 아이에게 통번역을 해 주며 학습에 디딤돌을 놓아 주는 교사 역할을 하기도 했다. 이러면서 자신이 교사인 동시에, 아이의 심리 상담자 역할을 하고 있다는 느낌을 자주 받았고, 아이의 부모로부터도 이중언어 강사에 대한 감사함

> 디딤돌(scaffolding)_ 교육에서 학생의 이해를 돕고 다음 단계로 나아갈 수 있도록 해 주는 다양한 기술 및 교수법

을 전해 들을 수 있었다. 하지만 학교 측은 근무 가능 연한과 예산 등을 이유로 재계약을 해 줄 수 없는 상황이었다. 친친이 더 이상 이중언어 강사로 남지 못한다는 사실을 알게 된 어린이들은 감정의 동요를 크게 내비쳤다. 학부모들 역시 기존의 이중언어 강사가 남기를 원했다. 그러나 학부모나 아이들의 요구는 결국 받아들여질 수 없었다.[1] 친친은 다른 학교로 옮겨갈 수도 있었으나, 여러 학교를 전전하기보다는 다문화 교육에 대하여 좀 더 연구하고 강사로서 재도약하기 위하여 대학원 진학을 결심했다. 이렇게 결심하기까지에는, 결국 친친이 안양과 성남에서 가르쳤던 아이들의 변화가 가장 큰 작용을 한 것이다.

친친은 대학원 1학기 과정을 마치고 나서 다시 필자의 연구실을 찾아왔다. 약 9개월 만에 다시 만난 것이었는데, 이제 이중언어 강사에 적합한 발음이 아님을 알 수 있었다. 중국어에 '-ㄹ' 받침 발음이 없기 때문에 '단어를', '상황을'처럼 목적어를 나타낼 경우에는 대체로 '을/를' 자체를 생략해 버리거나 이것을 '으르'처럼 발음하려는 경향이 있

었는데, 이런 습관도 고쳐져 있었다. 물론 이를 두고 친친이 대학원에서 한국어로 수업을 듣다 보니, 한국어 실력 자체가 향상된 것이라고 분석할 수도 있다. 하지만 필자는 이렇게 생각한다. 친친에게는 더 이상 중국식 한국어로 대화를 주고받아야 할 어린 친구들이 사라진 것이라고.

어른의 언어 태도가 어린이의
언어 선택에 미치는 영향

　김미진(여, 44, 주부, 가명)은 옌볜에서 태어나 교육 과정을 모두 조선족 학교에서 이수했다. 현재 한국에 온 지 15년째이며, 친정 어머니까지 모두 한국으로 왔다. 그전에는 중국어도 말할 수 있었는데, 한국인 남편과 결혼하여 아이를 낳고 살다 보니 어느 순간부터 중국어를 말할 수 없는 상태에 이르렀다. 그나마 중국어 읽기 상황이 말하기나 듣기보다는 훨씬 나은 편이다. 현재 초등학교 3학년 딸이 있는데, 딸은 무조건 영어를 시켜야 한다는 생각으로 다섯 살 때부터 영어 유치원을 다니게 했다. 지금도 아이는 영어로 말하기에 큰 무리가 없다. 얼마 전에는 학교 전체적으로 개최하는 영어 말하기 대회에서 상도 받았다.

　그러나 최근에 중국어 붐이 일면서 '중국어를 가르쳐야 하는 것이 아닌가'라는 생각이 문득 들어 얼마 전부터 딸에게 중국어 학습지로 따로 교육을 시키고 있다. 아이도 싫어하지는 않지만 영어만큼 크게 흥미를 느끼지 못하고 있다. 역시 옌볜 출신인 아이의 외할머니는 원래 중국어를 말하지 못할 뿐만 아니라 거의 이해하지 못하기 때문에 김미진은 가정에서 아이의 중국어 학습에 영향을 끼치는 사람은 없다고 판단하고 있다.

　과연 이 가정에서 아이의 중국어 학습에 영향을 끼치는 사람은 정말 아무도 없는 것일까? 김미진의 경우 예전에 친하게 지내던 몇몇 옌벤 출신 사람들이 있었으나 현재에는 결혼과 이주 등을 이유로 거의 연락이 되지 않는다고 한다. 옌볜을 가장 최근에 방문한 것도 6년 전인데, 예전에 비하여 현지의 중국 사람도 한국어를 잘하니 자신은 물론, 중국어를 할 줄 모르는 어머니도 전혀 불편함을 느끼지 못했다고 한다.

김미진 본인과 그녀의 어머니가 느끼는 이와 같은 중국어에 대한 태도, 조선어 혹은 중국어와 조선어를 함께 사용하는 옌볜 사회에 대한 소속감 단절은 중국어 무용론 및 '중국으로 다시는 돌아가지 않을 것이다'라는 심리에서 비롯된다. 김미진은 현재 한국 잠실에 거주하고 있지만, 옌볜식 억양을 완전히 버리지 않고 있다. 이 점은 본인도 인지하고 있으며, 최근에는 주변 사람들에게도 자신이 중국에서 왔음을 먼저 적극적으로 밝힌다고 한다. 이러한 본인의 언어 태도가 아이에게 결정적인 영향을 끼쳤고, 또 앞으로도 계속 영향을 미칠 수밖에 없을 것이다.

김미진의 딸은 필자가 중국어로 하는 질문에 쉽게 답하지 않았다. 필자가 한국어로 김미진과 나누는 대화를 이미 옆에서 지켜보았기에 굳이 중국어로 대답할 필요성을 느끼지 못했거나, 아니면 한국어와 중국어를 동시에 사용하는 것에 부담감을 느꼈을 수도 있다. 하지만 그 주저함에 있어 가장 중요한 심리적인 요인은 역시 가족들의 언어 태도다. 중국에서 살다 온 어머니와 외할머니조차 중국어보다는 영어가 우선이라는 이미지를 아이에게 지금까지 심어 주었다. 더하여 중국어보다 조선어가 차라리 상층언어임을 보여 주었다. 자신이 중국에서 왔음을 주변에 밝히기 시작한 것은 어디까지나 최근의 변화일 것이다. 그러다가 이것을 어느 날 갑자기 "자, 이제부터는 중국어를 공부하기로 하자, 왜냐하면 중국이 발전할 것이므로"라고 말한다고 하여, 급전환이 이루어질 수 있는 것은 아니다.

홍콩 출신으로 미국에서 유학한 입(Yip) 교수와 영국 출신으로 홍콩에서 일하고 있는 그의 남편은 실제 이중언어자인 자신의 아이들을 비롯한 다양한 이중언어 어린이에 대한 연구를 통하여, 모든 이중언어 어린이는 분명하고도 유일한 자기 나름의 언어 인지가 있는데 이것은 한 마음속에 두 단일언어자가 들어앉은 것이 아니라고 했다(Yip and Matthews, 2007).

인류는 한편으로는 컴퓨터 프로그래밍에 있어 사실상 영어라는 한 가지 공용어를 지향하는가 하면, 다른 한편으로는 인터넷상에서 무료로 사전을 보급하고 번역기와 통역기를 개발하면서까지 다언어 상황을 인정하는 양면적인 모습을 보이고 있다. 보편 논리에 입각하여 인류가 공통된 한 가지 언어를 사용하도록 하자는 이상론과 다언어 상황에 맞는 적합한 프로그램을 개발하여 사용하자는 현실론 사이에서, 어른들은 종종 갈 곳을 몰라 갈피를 잡지 못한다. 그러면서도 아이들에게는 언어 공부를 종용한다. 어른이라면 마땅히 어떤 태도를 지녀야 할 것인가.

교사의 태도

 2013년, 미국에서 거주하고 있는 베테랑 중국어 교사인 홍차이(여, 58, 교사, 가명)는 중국어 교사를 위한 연수 중에 발표를 하다 말고 갑자기 분노를 터뜨렸다. 그녀는 미국의 중고등학교에서 수년간 중국어를 가르치면서 수업을 받는 미국 아이들의 태도에 큰 불만을 갖고 있었다. 어느 학교를 가든지 미국 아이들은 한결같이 중국의 부정적이고 엽기적인 면을 어떻게든 찾아내 질문을 한다는 것이었다. 중국 사람조차 듣도 보도 못한 이야기를 인터넷 어디에선가 찾아내서, 그것을 굳이 수업 시간에 중국어 교사인 자신에게 질문하는 의도가 어디에 있냐는 것이 분노의 내용이었다.

 홍차이는 자신의 경험을 연수에 참여한 다른 교사들과 나누고 싶어 했다. 하지만 다른 교사들은 홍차이의 분노에 동조하지 않았다. 오히려 '그 질문이 구체적으로 제기된 맥락은 무엇인가', '거기에 대하여 홍차이는 어떻게 대답을 해 주었나'와 같은 질문이 연수에 참여한 다른 학교의 중국이 교사들로부터 제기되었다. 홍차이는 자신만이 유독 이런 경험을 한 것에 놀라워하며, 정말 다른 교사는 이런 경우가 한 번도 없었냐고 몇 차례 되물었다. 여전히 호응이 없자 홍차이는 참다 못해 나중에는 다른 중국어 교사의 태도가 위선적이기 때문이라는 공격적인 표현까지 사용했다. 중국에서 학령기를 보낸 교사 몇몇은 홍차이의 고민을 이해한다는 반응을 보였지만, 그렇다고 태도가 크게 달라지지는 않았다.

홍차이가 보았더라면 큰 위안이 되었을 법한 다큐멘터리가 2015년에 영국에서 만들어졌다. 영어를 잘하는 중국 교사 5인이 영국으로 가서 10대를 가르치면서 동서양의 교수법을 비교하는 내용의 다큐멘터리였다. 4주간의 교육이 끝난 뒤 여기에 참여했던 중국 교사들은 한결같이 영국 학생들이 무례하고 게으르며 복지로 인하여 버릇이 나빠졌다고 평가했다.[2]

교사가 갖는 절대적인 권위는 동아시아 문화권의 특징으로 볼 수 있다. 교사가 가르치는 위치에 있기 위해서는 적어도 그 권위가 지켜져야 한다고 동아시아 사람들은 암묵적으로 생각한다. 중국어 수업을 하는 서구권 교사들 사이에서는 이런 문화가 오히려 낯설었던 것 같다. 필자의 중고등학교 시절을 떠올려 보면 홍차이의 호소가 어느 정도 이해는 되었다. 수업 시간에 선생님께 엉뚱한 질문을 한다는 것은 예전에는 한국에서도 상상하기 어려웠다. 하지만 연수 장소는 새마을운동이 한창이던 한국이 아니라, 2013년의 미국이었다. 홍차이는 교사인 자신이 무례한 학생에게 공격당하고 있다고 생각했고, 다른 교사들은 자신의 의문점을 질문하는 아이들에게 홍차이가 교사로서 객관적이고 책임 있는 자세를 보이지 않았다고 판단했다.

홍차이와 연수에 참석했던 다른 중국어 교사 사이에 어떤 차이점이 있었던 것인가. 우선, 영어로 소통을 하는 데에 다소 문제가 있어 보였다. 중국어를 가르치는 교사이지만 학생들이 중국어를 유창하게 하지 못한다면 수업 시간 이외에는 학생들과 거의 소통이 어렵지 않을까 하는 걱정이 들 정도였다. 하지만 이보다 큰 문제점은 홍차이의 교사로서의 태도와 수업 내용이었다. 홍차이가 진행하는 모의 수업에서는 학생의 질문을 받아들이지 않았다. 학생은 수업에 집중해야 한다는 생각에서였다. 수업 내용 가운데에는 중국의 한 중학교에서 학생들이 운동장에 총집합하여 집체 훈련을 받는 자료 화면을 보는 것도 들이 있었다. 전교생이 똑같은 체육복을 입고 열 줄로 정확히 도열하여, 일부는 운동장 가운데에서 큰소리로 교과서를 소리 높여 읽고 나머지는 한 치의 흐트러짐도 없이 줄을 맞추어 운동장을 달리는 영상이었다. 홍차이는 중국 학교의 질서정연한 모습을 보여 주고 싶었지만, 받아들이는 사람들은 경직되고 자율성이 상실된, 마치 군대와 같은 학교의 모습을 목도한 것이었다.

영국 다큐멘터리에도 중국인 교사와 영국인 학생 간에 유사한 시각차가 있었다. 영국 학생에 대한 중국 교사들의 평가는 앞서 말한 바와 같이 대단히 부정적이었는데, 학생들 역시 중국 교사들에 대하여 결코 호의적이지만은 않았다. 자신은 평범한 열다섯 살이라고 한 어느 영국 학생은 체육복을 입고 그 많은 숙제를 해내며 조용한 교실에서 로봇처럼 행동하는 것이 어려웠고, 중국 교사의 수업은 지루했다고 표현했다. 그렇지만 중국식 부채 무용과 중국요리를 배우는 것은 즐거웠다고 했다.

문화적 충격은 단순하게 중국 사람은 치파오를 입고 한국 사람은 한복을 입는다는 차이에서 오지 않는다. 사회 구성원의 태도나 인식만큼이나 중요한 문화 차이도 없다. 한국에서 최근 발간된 다문화 사례집에는 기모노에 대하여 대단히 부정적인 시각에서 강의한 교사에 대한 사례가 실려 있다. 마침 강의 자리에는 아내와 함께 참석한 사람이 있었는데, 그 아내는 일본인이었다. 그러한 사실을 알 리 없는 교사는 내내 기모노와 일본 문화에 대한 부정적인 태도를 보여 이 사람은 불쾌함을 감출 수가 없었고, 무엇보다 함께 있었던 그의 아내는 너무나 큰 충격을 받았다는 것이다.

이중언어 어린이에게도 교사의 평소 신념과 태도가 얼마나 중요한

지는 이루 말로 다할 수가 없다. 이현정(2009)은 한국 일선 학교 교사의 3%만이 다문화 교육을 받은 적이 있다는 현실을 개탄했다. 반드시 다문화 교육을 통해서만 해결되는 것은 아니지만, 다문화에 상호존중과 평등을 바탕으로 한 인식이 일반인에게 얼마나 중요한지 말할 나위가 없을 것이다. 이를 학교 교육에 적용하는 데에 교사의 역할은 더없이 중요하다.

한국 사회에서 다문화 가정이 늘어나고 다문화 교육의 중요성이 점점 부각되면서, 학교를 비롯한 여러 영역에서 교육제도를 개선해야 한다는 인식이 높아지고 있다. 중국 사회에는 한류 붐, 한국 관광, 한국 투자 이민 등이 알려져 있다고 한다. 하지만 중국에서의 한-중 이중언어 어린이 문제는 사회 전반에 걸친 문제라기보다는 일부에 국한된 문제여서 그 양상은 한국보다 훨씬 미미하다. 그렇다 하더라도 경제 논리, 정치 논리만으로는 제대로 된 다문화 정책도, 이에 입각한 다문화 교육도 만들고 시행하기 어려운 것과 마찬가지로, 중국 내에서의 한-중 이중언어 문제 역시 이들과 이들 가족을 대상으로 세심하게 살펴보지 않고서는 안 된다. 왜냐하면 이들은 중국에서 약세언어 사용자이기 때문이다.

위세언어 학생을 위한 이중언어 교육

약세언어를 사용하는 학생의 이중언어 교육 문제는 문화, 정체성, 교사, 환경 등의 문제와 더불어 다루어지기라도 하지만, 위세언어를 사용하는 학생의 이중언어 교육 문제는 오히려 관심을 덜 끄는 경향이 있다. 여러 가지 언어를 구사할 수 있다는 것은 개인적으로나 사회적으로나 모두 큰 의미를 지닌다. 새로운 언어를 배우고자 하는 열망 역시 요즘 사람만의 것은 아니다. 제너시(Fred Genesee)는 과거의 문건 속에서도 식민 언어를 통한 언어 접촉, 식민지화, 무역이라든가 결혼 등, 다른 언어를 배워야 하는 다양한 필요성을 살펴볼 수 있다고 했다(Genesee, 2004). 그는 위세언어를 사용하는 학생의 이중언어 교육과 관련된 예로서 다음과 같은 경우를 거론했다.

— 국가정책으로서의 이중언어 진작(캐나다의 프랑스어 몰입교육)
— 공식어는 하나이지만 학생은 여러 언어를 말할 때, 국가의 언어를 진작(에스토니아에서 러시아어를 말하는 학생을 위한 에스토니아어 몰입교육)
— 중요한 지역어 또는 세계어의 유창성을 진작(일본의 영어 몰입교육)
— 모국어의 유창성을 진작(슬로바키아의 헝가리어 몰입교육)
— 위험에 처한 토착어를 진작[캐나다의 모호크(Mohawk)족 언어 몰입교육]

– 교육적 풍요를 위하여 외국어 학습을 진작(미국의 프랑스어 몰입
    교육)

  지금까지 살펴본 바에 의하면 학생들은 위세언어에 더 신경을 쓰고
약세언어에는 관심을 덜 기울였을 것으로 예상할 수 있다. 그러나 제
너시가 살펴본 바에 의하면 어느 경우든 초등학교 이후에 이루어지는
이중언어 프로그램을 통한 위세언어 교육에서 나이와 상관없이 언어
가 더 이상 늘지 않는 지연 현상이 나타나지 않았다. 그뿐만 아니라
약세언어인 제2언어로 되어 있는 프로그램을 통해서도 학업과 관련
된 새로운 지식을 얻는 데에 지연 현상은 없었다.
  한국은 기존에는 세계어인 영어의 유창성을 높이는 데에 큰 노력을
기울여 왔다. 오늘날 한국 내 여러 곳에서 새로운 이중언어구가 생겨
나고 있고, 중국의 전통적인 재중동포 중심의 거주지 역시 조선어와
중국어의 이중언어구로 빠르게 바뀌어 가고 있다. 이 현상은 기존의
영어 교육과는 다른 목적의 언어 교육이 필요하며, 방식 또한 현실에
맞추어야 한다는 점을 일깨워 주고 있다. 영어와 같은 특정 언어만이
위세언어라 생각하고 거기에만 노력을 기울여 본들 그것이 교육 효과
까지 보장하지는 않는다.
  비아위스톡(Ellen Bialystok)은 이중언어자가 단일언어자 동료를 뛰
어넘는 장점으로 메타언어적 인지를 꼽는다(Bialystok, 2004: 579). 예
를 들어, 한 가지 개념이지만 두 언어를 말하는 아이는 단순하게 한 언
어당 한 개씩의 단어를 알고 있는 것이 아니다. 단일언어적 관점에서
본 기존의 평가에 따르면 이 이중언어자가 단일언어자인 동료보다 뛰
어난 점은 한 가지도 없다. 하지만 메타언어적 인지 차원에서 보면 이
야기가 달라진다. 한국어 '의자'와 중국어의 '椅子(yǐzi)', 한국어의

'코'와 중국어의 '鼻子(bízi)'를 아는 이중언어자라면, 의자와 코 사이에는 내용상 아무런 관계가 없지만 중국어에서는 모두 접미사인 '子'를 붙일 수 있다는 사실을 배우지 않아도 이미 알고 있다. 이것은 단순하게 어휘 차원뿐만 아니라, 음운과 형태론적으로도 많은 것을 인지할 수 있도록 해 준다. 대학 수준의 고등교육에서 설명을 통하여 얻을 수 있는 지식을 두 살만 되어도 이미 암묵적으로 습득한 셈이다.

이중언어 어린이의 언어 발달
정도를 결정하는 요소들

맥마혼(Ben Mcmahon)이라는 호주 출신의 한 학생은 사고로 혼수상태에 빠졌는데, 깨어났을 때에는 모국어인 영어가 아니라 잠시 배운 적이 있었던 중국어로 의사 표현을 했다고 하여 화제가 되었다.[3] 만약 중국어를 배우지 않았다면 의식을 회복한 뒤 어떻게 의사소통했을지 궁금해지는 사건이다. 이런 특이한 경험으로 인하여 중국 사회에서 맥마혼은 꽤 유명한 외국인 가운데 하나로 손꼽히고 있다. 잠시 배운 외국어라고는 하지만 위기의 순간에 모국어를 제치고 의사소통이 가능할 정도가 되려면 어떤 요소가 필요할까.

그로장은 어느 언어든지 일정한 정도로 올라서기 위해서는 다음과 같은 요소가 필요하다고 보았다(Grosjean, 2012: 171~177).

언어에 대한 필요성 { • 가족 구성원, 보모, 친구 등과 소통하기 위하여
• 유아원이나 학교 활동에 참여하기 위하여
• 공동체 사람들과 교류하기 위하여
• 텔레비전 시청이나 운동 등 문화 활동을 위하여

\+

투입량
투입의 형태(구두 또는 문자)
가족의 역할
학교와 공동체의 역할
(언어와 문화, 이중언어에 대한)태도
─────────────────────
= 언어 발달 정도

어린이는 언어에 대한 필요성에 따라 이 언어에서 저 언어로 옮겨 가기도, 혹은 원래의 언어로 돌아오기도 한다. 그 가운데에 자신이 더 자신 있다고 생각하는 언어, 노래할 때 쓰는 언어, 잊어버리게 되는 언어 등이 생겨나는 것이다. 이때 반드시 일정 수준 이상의 투입량이 있어야 한다. '외국에 3~4년 살았으니까 잘하겠지'와 같은 막연한 생각으로는 어림도 없다. 또한 함께 있는 부모 또는 어린이를 돌보는 사람이 단일언어자여도 자연스럽게 이야기를 나누고 책을 읽을 것을 학자들은 권한다. 이 과정에서 가족은 어린이의 상황을 고려하여 적절한 전략을 세울 수도 있다. 학교와 공동체의 역할 또한 절대적인데, 특히 약세언어에 대한 고려가 충분히 이루어지지 않을 경우에는 이 점에 더욱 신경을 써야 한다.

마지막으로는 언어나 문화 또는 이중언어에 대한 태도다. 특히 이중언어에 대한 태도 문제는 거의 대부분의 사람들이 신경을 쓰지 않음을 그로장도 지적하고 있다(같은 책: 176). 만약 집에서 사용하는 언어가 학교나 사회에서 일반적으로 사용하는 언어와 다르면 아이에게 좋지 않은 영향을 끼치게 될 것이라고 생각하는 사람들이 많다는 것이다. 결국은 가정에서도, 학교나 공동체에서도, 이중언어 아이를 이해하고 아이가 필요로 하는 것을 도와줄 수 있도록 하는 것이 관건이다.

언어 교수 절차 속에는 어떠한 내용이 새롭게 제시되는지, 연습과 피드백은 어떤 식으로 이루어질 것인지가 초점이 된다(Richards et al., 2002: 47). 심지어 모국어가 한국어이고 이제 막 중국어를 배우기 시작한 어린이라고 하더라도 서로 짝을 지어 주거나, 조별 활동 또는 단체 활동을 통하여 다양한 학습을 시도할 수 있다. 예를 들어 시계, 달력, 시간표 그리기, 수 개념, 아침으로 먹을 수 있는 것으로 일정표나 통계표 만들기, 길이 재기 등의 활동으로 수학 내용을 학습할 수 있다. 듣고 말하기, 시, 작문, 만화, 짧은 이야기 만들기와 같은 언어 활동, 색깔 놀이, 서예와 같은 글씨 쓰기, 음악 감상, 중국식 종이 오리기, 수묵화 그리기, 미술 작품 감상과 같은 예술 활동, 지도, 지리, 상황극을 이용한 사회 활동, 태극권, 무용 등을 활용한 체육 활동, 우주, 물질, 과학 실험 등을 통한 과학 활동 등 그 가능성은 다양하게 열려 있다. 《서유기》 등 어린이도 흥미를 느끼는 중국의 전통 서사를 통하여 융복합적인 교육 또한 가능하다. 이처럼 다양한 활동 속에서 듣기, 말하기, 읽기, 쓰기의 네 가지 기능을 어린이의 이해 정도에 따라 난이도를 조정할 수 있다. 읽기는 그 자체로 모든 과목에 적용될 수 있다. 여러 명이 큰 책(big book) 함께 읽기, 큰 소리 읽기 책(read-aloud book) 활용하기, 정해진 시간마다 개인별로 책읽기, 조별로 동일한 책 읽기 등 여러 가지 활동이 서구의 몰입교육 현장에서 이미 실시되고 있다. 하지만 한국이나 중국의 경우 아직 읽기와 관련된 다양한 단계별 자료가 부족한 편으로, 앞으로 이중언어 어린이의 실정을 고려한 다방면의 연구 개발이 요구된다(이상 변지원, 2013).

언어 망각

다른 나라로 이민을 가거나 가족과 헤어지는 등의 극단적 언어 환경 변화를 맞게 되면 자신이 사용하던 언어를 잃어버리는, 이른바 언어 망각 현상이 일어날 수 있다(제1장 '완성된 이중언어라는 신화' 참조). 이것은 어린이나 성인 할 것 없이 공통적으로 해당된다.

민석(남, 17, 학생)은 외국 문화에 큰 관심이 없을뿐더러 다니는 학교가 외국어 교육을 대단히 강조하는 편임에도 외국어를 배우는 데에 다른 과목보다 특별한 흥미를 느끼지는 않는다. 그 때문인지 외국어 과목에 특별히 두각을 나타내거나 하지는 않는다. 석찬(남, 17, 학생)은 외국어 공부에 특히 관심이 있다. 영어, 일본어 실력은 동급생 중에서도 언제나 최고다. 본인은 여기에 만족하지 않고 중국어와 러시아어 등 가능하다면 많은 외국어를 배우고 싶어 하며 외국인과 외국어로 이야기할 때 가장 큰 즐거움을 느낀다고 한다. 다양한 외국 문화에도 큰 흥미를 느끼고 있다.

위의 두 학생은 동급생으로, 한 사람은 외국에서 태어나서 지금까지 미국과 일본, 대만에서 8년가량 거주한 경험이 있다. 그리고 또 다른 사람은 외국 생활 경험이 전무하다. 두 학생의 학력에는 큰 차이가 없다. 그렇다면 두 사람 중 누가 과연 외국 생활 경험자일까? 언뜻 보기에 외국 생활 경험이 없는 학생은 민석 같을 것이다. 그러나 사실은 그 반대다. 민석은 미국에서 태어나 한국에 잠시 있다가, 일본에서 유치원을 다녔다. 당시만 하더라도 주위의 사람들이 일본 아이라고 할 정도로 일본어에 능통했으나, 지금은 할 줄 아는 일본어가 거의 없다고 한다.

이중언어자의 언어 망각 현상은 결코 드문 현상이 아니다. 이중언어 상태를 지속시켜 줄 수 있는 환경이 갖추어지지 않았다면 사용 빈도가 떨어지는 언어와는 6개월만에 완전한 결별도 가능하다.

필자도 언어 망각의 경험이 있다. 약 7년간 머물면서 박사논문까지 썼던 프랑스를 떠나 10년 이상 한국, 중국, 미국 등에서 거주하면서 프랑스어를 쓸 기회가 전혀 없었다. 그러자 언제 내가 프랑스어를 썼냐는 듯이 매우 기초적인 단어조차 점차 잊혀져 갔다. 상하이 푸단대학에서 방문학자로 머무는 동안 한 박사 과정 중국 학생이 컴퓨터 로그오프를 프랑스어로는 뭐라고 하는지 물었던 적이 있다. 하루에도 몇 번씩 컴퓨터를 켜고 끄면서 사용하던 그 쉬운 말이 갑자기 생각나지 않았다. 늘 사용하던 언어를 잃어버렸다고 느꼈을 때의 그 참담함이란! 말이 머릿속에서만 맴돌고 입 밖으로 나오지 않을 때 중국 사람들은 "찻주전자 속에 만두를 삶고 있네(茶壺里煮饺子)"라는 표현을 사용한다. 주전자 입을 만두가 꽉 막고 있어 아무리 기울여도 차를 따를 수 없는 것과 같은 상황을 묘사한 것이다.

찻주전자 속에 들어가서는 안 될 만두는 어디에서 온 것일까. 언어 망각은 언어 습득만큼이나 빈번하게 일어나는 현상이지만 과거에는 크게 주목을 끌지 않았을 뿐이다(Grosjean, 2012: 91). 언어 망각의 대표적인 사례를 짚어 본다면 더듬거리기와 말 바꾸기다. 대개는 정확하게 그 상황에서 사용하는 단어나 표현이 생각나지 않아 당황하거나, 또는 이 말을 쓰다가 갑자기 저 말을 섞어 쓰는 코드전환을 빈번히 한다. 상대가 한 언어만을 할 줄 아는 단일언

> 코드전환(code-switching)_ 화자가 대화 중에 한 언어나 방언에서 다른 언어나 방언으로 바꾸는 것

어자라면 "이걸 뭐라고 하지?"라고 종종 물어보기도 한다. 글을 쓸 때에는 언어 망각이 꽤나 자주 문제를 일으키기 때문에 아예 망각 현상을 겪고 있는 언어의 사용을 거부하는 경우가 적지 않다. 언어 망각을 겪는 이들은 자신의 기억에서 멀어져 가는 언어에서 최근 생겨난 신조어라든가 새로운 표현에 대해서도 대체로 알지 못한다.

한국방송통신대학교 중어중문학과에는 중국에서 이미 고등학교 이상의 학력을 취득한 재중동포 출신 학생 또는 한족 학생이 최근 해마다 100명가량 입학하는데, 왜 중국어를 다시 배우고자 하는지 묻는 질문에 중국어 교수법을 배우고 싶다는 이유와 함께 이구동성으로 한국에서 오래 거주하면서 자신이 예전에 배웠던 중국어를 많이 잊어버렸기 때문이라는 이유를 든다. 언어 망각과 대치되는 개념은 언어 유지라할 수 있다. 아무리 유창하게 사용하던 언어라도 그 환경을 벗어나면 언어를 유지하는 데에 남다른 노력이 요구된다.

언어 유지(language maintenance)_ 언어 교체와 대조되는 표현. 일반적으로는 언어 교체를 방지하거나 감소시키기 위하여 언어 유지 정책을 사용

언어 유지보다 더 극단적인 일종의 언어 회복과 같은 일도 드물기는 하지만 아주 없지는 않다. 〈꽃보다할배〉[4]라는 TV 프로그램에 출연한 배우 이순재는 수십 년 전 학창 시절 독일어를 배웠던 실력을 독일 현지 사람 앞에서 보여 주었다. 다시 필자 자신의 경험담을 이야기해 보겠다. 10년 이상 일체 사용해 본 적이 없던 프랑스어가 어느 날 갑자기 머릿속에서 마치 콸콸 샘이 솟아나듯 혹은 폭죽이 연속적으로 터지기라도 하듯 술술 나오는 것이었다. 그 계기는 지도 교수님의 한국 방문이었다. 교수님께서 도착하시기 바로 하루 전부터, 필자는 그 전에는 생각지도 않았던 말까지 거의 모두 프랑스어로 할 수 있게 되었다.

이런 예가 통 없는 것은 아니지만 스스로도 나의 언어 회복 변화를 매우 믿기 어려웠다. 그리고 이 경험 이후에 무엇이 내 찻주전자 속의 만두를 하루아침에 제거해 주었는지 곰곰이 생각해 보았다.

프랑스에 살던 시절, 다른 사람과는 더러 중국어나 한국어 또는 영어를 쓰거나 아니면 필요할 경우 코드전환을 하며 대화를 하는 일이 있었다. 하지만 지도 교수님은 집필 활동을 영어로 하고 중국어에도 능통하지만 그와는 늘 프랑스어로만 토론을 했다. 아마도 이러한 이유로 교수님을 떠올리는 순간, 프랑스어 또한 머릿속 어딘가에서 터져 나왔던 것 같다. 이렇듯 심리적인 변인은 언어의 유지 또는 망각에 매우 중요한 요소다.[5]

제 9 장

이중언어
관리

코드전환

이중언어 어린이는 아직 그 어느 쪽 언어 체계도 완성 단계 이전인 관계로, 두 체계 사이의 경계가 모호한 경우에는 자신의 필요에 따라 이 언어에서 저 언어 사이를 오가기도 한다. 이런 현상을 코드전환이라 한다.

중국어와 영어를 코드전환하는 경우의 신경 기제는 한 언어 내에서 정보를 교환하는 것과는 차이가 있음이 실험으로 밝혀졌다. 특히 중국어 내에서 명사와 동사 사이에 과업을 내린 경우 뇌의 정중앙 부분에서 반응이 일어났는데, 중국어와 영어 사이에 코드전환을 하면 좌뇌 바깥쪽에 반응이 일어남을 살펴볼 수 있었다고 한다(刘文宇 외, 2009). 중국어는 언어의 투명도(transparency)가 낮은 언어로 취급된다.[6] 이는 중국어가 표음문자가 아니라는 사실과 관계가 있는데, 이 때문에 중국어는 대단히 배우기 어려운 언어일 것이라는 오해를 종종 받기도 한다. 하지만 중국어가 표음문자를 사용하지 않는다고 하여 글을 읽을 때에 뇌가 영어와 같은 표음문자를 사용할 때와 완전히 다른 부위를 사용하지는 않는다고 한다(Dehaene, 2009: 70~71). 한국어 역시 영어와 같은 표음문자 체계를 사용하기 때문에 한–중 이중언어 어린이가 적어도 읽기에서는 뇌에서 동일한 부분을 사용할 것을 기대해 볼 수 있을 것이다.

반면 코드전환에서 뇌의 다른 부분을 사용하면서 두 체계 사이를 오고 갈 수도 있다. 이중언어자의 신경 기제와 관련된 부분은 앞으로

워낙 발전 가능성이 큰 분야인지라, 조만간 더 획기적인 결과가 보고될 것으로 기대된다. 기계를 이용한 신경언어학적 방법을 제외하고, 현재 이 이중언어 어린이의 언어 사용 상황을 알아보는 가장 좋은 방법은 옆에서 오랫동안 관찰하는 방법이다. 하지만 이것은 시간 제약 때문에 다량의 표본에서 신뢰성 있는 답을 얻기가 어렵다. 어린이에게 질문지를 통해서 설문 조사를 하는 방법도 그다지 바람직하지 않다. 어린이가 그 어려운 말을 이해하기도 어려울뿐더러 아직은 그만한 분량의 글을 소화해 낼 만한 문해력도 갖추지 못한 상태이기 때문이다. 그렇다면 질문자가 알고 싶어 하는 질문과는 상관없는 질문을 던져서 그 속에서 원하는 답을 찾아내는 방법을 구사할 수도 있다. 사회언어학자들이 속성 익명 조사법을 사용하기도 하는데, 그 이유는 바로 여기에 있다.

속성 익명 조사법은 라보브(William Labov: 1927~)가 사용한 이후 사회언어학의 대표적인 조사법 가운데 하나로 자리 잡았다. 계층에 따라 어떤 영어 발음을 선호하는지 알아보기 위하여 그가 사용한 방법은 뉴욕의 서로 다른 세 계층의 백화점에 들러 답변자가 자신

> 속성 익명 조사법_ 익명의 피조사자가 조사당하고 있음을 눈치채지 못하도록 신속하게 조사하고 처리하는 방법으로, 사회언어학에서 사용하는 대표적인 조사법 가운데 하나

도 모르는 사이에 "fourth floor"라는 발음을 강조하고 반복하도록 만드는 것이다. 예를 들어 4층에서 판매하는 물건 이름을 대면서 점원에게 이 물건을 몇 층에서 파냐고 질문하여 대답을 유도한다. 그런 다음, 잘 못 알아들었다면서 다시 한 번 더 반복해 줄 수 있냐고 묻는데, 그러면 점원 대부분은 정확하고 느리게 다시 발음해 준다. 이를 듣고 백화점을 이용하는 고객의 계층에 따라 이들을 응대하는 데에 익숙한 점원들이 (r) 발음을 정확하게 하는지 아니면 생략하는지를 관찰하는

것이다(Labov, 1982).

코드전환은 언어 간섭과 맞물려 있기도 하다. 언어 동화의 과정을 다섯 단계로 나누어 보면, 코드전환은 이중언어와 언어 간섭의 바로 앞에 위치하게 된다. 코드전환의 전 단계는 언어 차용과 언어 교체다. 이 과정은 문화 동화의 단계와 짝을 지을 수도 있는데, 이는 각각 다음과 같이 설명될 수 있다(이상 游汝杰 외, 2008).

> 언어 간섭(language interference)_ 한 언어의 요소가 배우고 있는 과정 중인 또 다른 언어에 전달되는 것

> 언어 차용(borrowing)_ 언어끼리 접촉하여 수혜 언어가 시혜 언어를 복제하는 현상

> 언어 교체(language shift)_ 한 언어가 다른 언어에 의해 완전히 대체되는 것. 이주민이나 토착민 중 한쪽이 자신의 모국어를 버리는 경우 나타남

문화: 손님기-취합기-과도기-혼동기-동화기
언어: 차용-교체-코드전환-이중언어-언어 간섭

언어 차용의 단계에는 현지 언어로부터 주로 어휘 단계에서 흡수한다. 중국어의 경우 소리 나는 대로 차용어를 만들어, 이것으로 새로운 개념이나 사물을 표현하는 경우가 많다. 이와 같은 현상은 문화적 손님기, 예를 들어 중국어를 말하는 사람이 주를 이룰 때 가능하다. 현재 영등포구 대림2동과 같은 곳의 상황이 이러하다 볼 수 있다. 중국에서 주로 교육을 받은 이들의 심리 상태는 스스로를 외지에 살고 있는 손님으로 여긴다. 시기가 적당해지면 원래 살던 곳으로 돌아가고 싶어 한다. 초기 이민자나 이민 1세대에서 이런 심리 상태를 엿볼 수 있다. 특별한 기능이 없이 대도시로 이주한 동북 3성 출신이 이에 해당한다.

다음 단계인 언어 교체 단계의 예를 보자. 중국에서 거주하던 재중

동포가 한국에 도착하면, 중국에서 사용하던 언어 속에 원래 있던 어휘가 현지의 한국어 새 어휘로 교체된다. 문화적으로는 취합기에 접어들어 이중언어 현상이 나타나기 시작한다. 중국어와 조선어 또는 한국어를 동시에 할 줄 아는 사람의 비율이 점점 늘어나지만 아직은 중국에서 사용하던 언어가 주를 이룬다. 이 단계의 성원은 생활을 위하여 사회 바깥의 언어와 문화에 적응해 가기 시작한다. 이민자의 자녀는 한국 학교에 다니면서 한국의 언어를 익히며, 심지어 한국어로 부모에게 대답하기도 한다. 이것이 전형적인 취합기의 유형이라 할 수 있다.

여기에서 더욱 발전하면 코드전환의 단계로 들어선다. 문장 또는 문장과 문장 사이에서 중국어와 한국어, 조선어를 번갈아 사용한다. 이는 문화적 과도기로, 이중언어를 사용하는 사람의 숫자가 중국어나 조선어만 할 줄 아는 사람보다 더욱 많아지는 단계다. 현재 칭다오에 거주하고 있는 많은 재중동포가 이 단계에 해당한다. 신문은 중국어로 된 것을 선호하면서도 TV 시청은 한국 방송을 주로 보는, 문자 언어 생활과 구두 언어 생활이 이분화되는 현상이 잠시 나타난다.

좁은 의미의 이중언어 단계에서는 현지어와 모국어를 상대에 따라 적절히 사용할 수 있다. 문화적으로는 혼동기를 맞이하게 된다. 사회적으로는 이중언어 사용자가 현지어 단일 사용자보다 많으며, 현지어를 주로 사용하는 이중언어자 또한 원래의 모국어만 사용할 줄 아는 단일언어자보다 많다. 현재 헤이룽장 성은 세대별에 따라 이러한 혼동기를 겪고 있다. 구세대는 대부분이 조선어 단일어 사용자인데, 현재 10세 이하 어린이는 조선어 학교의 감소 등으로 교육 기회를 잃어 빠른 속도로 중국어를 주요 언어로 선택할 수밖에 없는 상황이다. 이들은 가정에서 조선어로 의사소통하고 어른들과 마찬가지로 같은 재

중동포끼리의 비공식적인 자리에서 조선어로 의사소통하지만, 학교나 사회에서는 중국어로 의사소통한다.[7]

　마지막은 언어 간섭의 단계다. 문화적으로는 융합기 또는 동화기라 할 수 있다. 현지에 완전히 동화되어 현지어만 사용하는 사람이 이중언어자보다 더 많아지는 시기다. 부모님이 모두 중국인이지만 한국에서 태어나 한국 유치원과 한국 학교를 다닌 가윤은 중국어는 겨우 몇 단어만 구사할 수 있어 이 경우에 속한다. 중국의 대도시로 이주한 재중동포의 자녀 또한 시간이 흐를수록 동화기에 접어들 것이다. 일례로 베이징은 한국의 주민등록에 해당하는 호구를 갖기가 쉽지 않아 이주민이 자녀를 공립학교에 보내기란 거의 불가능하다. 상황이 이러하다 보니, 베이징의 재중동포 사회는 자녀 교육 문제로 큰 고충을 겪고 있다. 이에 대한 대책으로 도시 이주 재중동포 자녀를 위한 삼강학교와 같은 학교에서는 민족 단위의 독자 교육 방식을 벗어나 개방화되고 세계화를 지향하는 교육을 지향한다. 초기 3년은 조선어로만 수업, 3학년 이후에는 조선어 시간에만 조선어를 하고 나머지는 중국어를 하는 것으로, 중학 이상은 한족과 연합학교를 꾸리는 것으로, 고등학교에서는 조선어가 선택 과목이 되도록 하는 식이다. 이는 그야말로 중국 속에서 공존하는 형태를 주장하는 것이지만, 민족 교육을 강조하는 사람들의 반대에 부딪히고 있기도 하다. 이 밖에도 베이징 시의 허가를 받아 설립된 주말학교 형태의 북경조선어학교 등도 있는데, 전반적으로 베이징 시로 이주한 재중동포 자녀의 교육 문제는 현재 심각한 실정이다(이상 권태환 편저, 2006).

우리 아이, 이제는 중국어 가르쳐야 할까요

　　근래 가장 많이 들어 본 질문 가운데 하나는 "우리 아이에게 중국어를 가르쳐야 할까요"라는 것이었다. 이중언어자도 여러 단계에 걸쳐 있음을 앞에서 보았는데, 한-중 이중언어자도 아닌 아이에게 굳이 중국어를 가르쳐야 할지 고뇌하는 질문의 이면에는 함축되어 있는 전제 조건이 많다. 부모들은 이 전제에 자신감이 부족하여 질문을 던져 오는 것이다. 막상 중국어를 가르치자니 부모로서 걱정도 생긴다. 대화를 나누어 보면 대개 다음과 같은 걱정을 하고 있다. 그리고 이런 걱정은 사회언어학적 이슈와 맞물려 있다.

- 영어보다 중국어가 더 중요해질 수 있다. (최상위 언어의 변동)
- 중국어가 우리 아이 세대에는 유용할 것이다. (언어 경쟁)
- 어렸을 때 중국어를 가르치면 한국어 교육에 영향을 끼칠 수 있다. (언어 망각)
- 영어 공부에 중국어 공부까지 병행하면 너무 부담이 클 것이다. (양층언어)

　　이상과 같은 전제도 걱정도 따지고 보면 기우에 불과하다. 외국어를 공부한다는 것을 마치 주식이나 부동산과 같은 장기적인 자산 투자처럼 생각하는 경우가 있지만, 그랬다가는 결국 실망감만 얻을 것이다. 하나의 언어를 알기 위해서는 일정한 시간을, 그것도 꽤 오랜 시간을 공을 들이지 않을 수 없다. 그리고 그 효과를 몇 달 안에 보기란 어렵다. 언어 환경이 갑자기 바뀌었을 때 어떤 어린이는 자신이 하는 말을 상대가 못 알아듣는 경험을 하게 된다. 이 사실을 알고는 곧바로 입을 닫아버리는 벙어리 단계로 돌입해 버리기도 한다. 이 단계에는 상대와 대화를 포기하고 혼자 지내거나 아니면 매우 수동적으로 상대의 요구에 응하게 된다. 흔히 새로운 입력이 주어졌을 때 이러한 침묵 기간을 갖기 쉬운데, 이는 언어 적응의 첫 번째 단계에 해당한다. 이 기간 동안 실패한 것이 아니므로 인내하고 지

> 침묵 기간(silent period)_ 제2언어를 배우는 과정에서 학습자가 말을 하려 하지 않는 기간

켜보면 결국은 혼자서 극복해 낸다는 것이 언어학자들의 관찰 결과다.

하지만 잘못 투자하여 망했네, 하는 경우 역시 존재하는데 이는 학습자가 전혀 흥미를 느끼지 못하는 경우가 아니라면 외적 요인 때문일 가능성이 크다. 1980년대까지만 하더라도 한국 각 대학의 독문과나 불문과는 대표 학과인 경우가 많았다. 하지만 21세기에 들어 여러 가지 사회적인 이유로 말미암아 한국 사회에는 이들 학과를 없애지 못하여 안달인 대학이 기하급수적으로 늘어났다. 그렇다고 하여 독문과나 불문과를 나왔던 사람이 잘못된 선택을 한 것이라고 볼 수 있을 것인가. 결코 아니다. 독일과 프랑스는 한국과 직접 접촉이 매우 제한적이어서 한-독 이중언어자 또는 한-불 이중언어자가 또한 매우 적었다. 이는 영어 교육으로 경도된 현상과 매우 대조적이었는데 사실 한-영 이중언어자라고 특별히 많아서 그런 현상을 낳은 것은 아니다. 이 모든 부분은 언어 학습자가 주체적으로 변화를 줄 수 없는 거대한 물결과도 같은 것이다. 따라서 지위가 높다고 평가되는 외국어를 배웠다고 으스댈 필요도, 그렇지 않다고 의기소침해 할 이유도 없다. 어떤 외국어를 배웠더라도 그 자체로 의미를 찾을 수 있기 때문이다.

중국어를 더 잘 배울 수 있는 아이들이 따로 있을까? 혹시 오래 배우면 더 잘하게 될까? 외국어 교육에서 그 언어를 배운 절대적인 기간보다 더 필요한 부분은 바로 동기(motivation)다. 동기가 강한 사람은 배우는 동안에도 의미를 찾을 것이며, 배운 외국어를 잘 활용할 가능성도 높아진다. 스스로 동기를 느끼지 못하고 수동적으로 배우는 사람은 아무리 오랫동안 투자하고 또 고급의 표현을 배웠다 하더라도 자신의 것으로 만들어 내는 데에 어려움을 겪을 수밖에 없다. 김연아나 박지성은 외국인 코치와 직접 의사소통하고자 하는 동기, 인터뷰에서 자신의 이야기를 시청자에게 전달하고자 하는 동기가 강했기 때문에—사실 외국어를 배울 수 있는 환경이라는 면에서는 그다지 유리하지 못했지만— 훌륭하게 영어를 구사할 수 있었다. 중국어를 가르쳐야 한다는 욕심에 투입량을 무작정 늘리기보다는 아이의 심리적인 면과 주변 환경에 대한 이해가 선행되어야 할 것이다.

언어 습득의 결정적시기는 결정적인가

　　언어 경험은 언어 발달에 매우 중요한 부분이다. 만약 언어 경험이 불충분하다면 이는 심각한 언어 발달 장애로 이어지기도 한다. 특히 어렸을 때의 언어 경험은 한 인간의 언어 발달에 결정적인 영향을 미친다고 보아 이를 결정적시기(critical period)라고 부르기도 한다. 이것은 어디까지나 가설일 뿐, 아직도 관련된 연구 보고가 계속 쏟아져 나오고 있다. 이런 이유에서 결정적시기를 언급할 때에는 언제나 '가설'이라는 표현이 함께 언급된다.

　　미국 로체스터 대학교 연구팀이 한국인과 중국인 가운데 미국으로 이민 와 영어를 구사할 줄 아는 사람을 대상으로 한 언어 습득의 결정적시기 실험이 있다. 대체로 간단한 오류가 있는 문장을 수백 개 들으면서 이 중 오류가 있는지를 찾아내도록 하는 테스트에서 7세 이전에 미국으로 이민 온 사람은 문법적인 오류를 거의 모두 찾아냈다. 이들보다 많은 나이에 이민 온 사람일수록 점점 성적은 낮아져, 이들에게 정규교육 시간이나 체류 기간보다 더 중요한 요인은 바로 이민 온 시기였음이 밝혀졌다(Johnson and Newport, 1989). 서울대학교 병원에서 고도난청 환자로서 인공 와우관 이식 수술의 결과도 나이와 언어 능력의 관계를 보여 준다. 6~7세에 수술을 받은 경우, 수술 직후에는 정상인 언어 능력의 60% 수준이었으나 4년 후에는 90%까지 회복되었다. 하지만 11세에 수술을 받은 경우에는 7%, 20세의 경우에는 전혀 언어를 습득하지 못했다(EBS 아기성장보고서 제작팀, 2009: 211~213).

이러한 예를 보면 12세가 아니라 미취학 어린이쯤 되어야 결정적시기 가설과 맞아떨어진다는 생각을 해 볼 수 있다. 언어를 배우는 사람은 어느 시기부터 외국어를 배워야 모국어 화자와 차별되는 외국인 말투(foreigner talk 또는 foreign accent)가 없어질지, 외국에 오래 머물면 머물수록 외국인 말투는 옅어질 수 있을지 등의 질문을 자주 던진다. 이를 비교하기 위하여 북미에 살고 있으면서 한국어가 모국어인데 영어를 배운 어린이와 성인을 연령별로 나누어 이들의 발음과 동년배의 영어 모국어 화자 발음을 들려 주고, 영어가 모국어인 사람들로 하여금 누구에게 외국인 말투가 있는지를 아홉 단계로 표시하게 했다. 그 결과 영어를 배운 한국 어린이는 영어가 모국어인 어린이보다는 점수가 낮지만 영어를 배운 한국 성인에 비하여 압도적으로 높은 점수를 얻었다. 이들은 평균 4세 때에 이민을 온 어린이로 거주 기간은 발음에 영향을 주지 않은 것으로 보고되었다(Flege et al., 2006). 4세 때 이민했다면 결정적시기 가설에서 이야기하는 안정적인 범위인 것 같지만 모국어로 영어를 사용하는 사람은 이들에게서 여전히 외국인 말투를 느끼는 것이다.

　　쓰기는 외국어를 배우는 사람이 공통적으로 어려움을 느끼는 부분이다. 오옥란(여, 45, 교사)은 한국에서 중국어를 가르친 지 10년 이상 된 베테랑 중국어 교사다. 한국어와 중국어를 구사하는 데에 전혀 불편함이 없지만 중국어 글쓰기에 어려움을 느낀다고 토로한다. 대학원에 진학하여 동료 대학원생이나 교수님은 그가 한국어와 중국어에 모두 능통하다고 생각하고 있었기에 오옥란의 고충을 이해하기 어려워하는 눈치였다. 이에 그는 자신이 성장해온 배경을 설명하기 시작했다. 그가 학교를 다니던 당시 조선어만을 가르치는 학교에서 교육을 받았기 때문에 중국어로 읽기와 쓰기가 상대적으로 소홀해질 수밖에 없었고, 그중에서도 쓰기와 관련된 부분은 성인이 되고 난 이후에도 계속 노력하지만 채워지지 않는다고 했다.

1992년 한국과 중국의 수교가 이루어진 직후만 하더라도 중국어는 한국 사회에서 크게 각광받는 외국어가 아니었다. 그런데 최근 들어 중국어에 대한 수요가 다방면에서 늘어나면서, 단순한 통역 수준을 넘어서 고급의 언어를 필요로 하는 수요가 점차 늘어나고 있다. 한국어나 중국어의 간단한 회화는 특별한 기술이 없어도 처리할 수 있으나, 이것이 읽기나 쓰기 차원으로 확대되면 문제는 달라진다. 오옥란이 어려움을 느끼는 점도 바로 여기에 있었던 것이다.

⟨04⟩
어린이와 성인 학습자의 차이 :
외국어 교육의 경우

　　외국어 교육에 있어 성인학습자와 아동은 큰 차이를 보인다. 나이가 들어 외국어를 배우기 시작하는 사람의 특징은 모국어를 구사할 때의 뇌와 다른 부분을 사용한다는 것이다. 컴퓨터로 비유하면 하드디스크의 파티션을 분할하는 것이다. 그런데 어린아이는 이를 분할하지 않는다. 성인이 다 되어 외국어를 학습하기 시작한 경우, 앞서 거론했던 맥마흔처럼 뜻밖의 사고 이후 자신의 모국어였던 영어는 못하게 되었는데 학생 때 잠시 배운 중국어는 할 수 있는 이런 웃지 못할 일이 실제 보고되었다.[8] 필자는 외국어가 마음대로 되지 않아 머리가 쪼개지는 듯한 아픔을 경험했다는 이야기를 들은 적이 있는데, 이것은 과학적 관점에서 보더라도 실로 적절한 표현인 것이다.

　위세언어 여부를 결정하는 데에는 정치, 경제, 종교 등이 중요한 요소로 작용한다. 중국어와 영어가 그 지위를 놓고 세계 곳곳에서 격돌하는 데에는 바로 이러한 이유가 있다. 그런데 어린아이는 여기에 선입견을 가지지 않는다. 어른이 이를 주입하거나 영향을 끼치지만 않는다면 말이다. 놀이와 언어, 발화와 내용을 분리하지도 않는다. 최근 외국어 교육에서 주목을 받고 있는 분야 가운데 하나인 교육의 내용과 언어 균형(balancing content and language in instruction)도 이 점에 착안한 것이다. 중국어 수업을 비롯한 외국이 수업에서는 아직도 여전히 발음과 어휘 설명, 문법을 주요 교수요목으로 지정해 놓고 있다.

그런데 균형 교육에서는 과학 시간에 화산활동에 대한 내용을 교육하면서도 그 설명 가운데 결과와 관련된 언어 표현이 반복적으로 나오기 때문에 한국어에는 없지만 중국어에만 있는 문법적 요소를 비롯하여 여러 언어 형식이 저절로 습득될 수 있도록 고안할 수 있다.

아이는 외국어를 듣는 순간, 설명이 없이도 모국어와의 차이점을 스스로 알아차린다. 특히 음성적 차이에는 매우 민감하다. 글자를 쓸 줄 몰라도 아랍어와 한글이 다르다는 것을 알아차린다. 나아가 이를 다른 사람에게 설명할 수도 있다. 이미 훌륭한 언어학자인 것이다. 그뿐만 아니라 아는 것을 필요할 때 적절하게 써 먹을 줄도 안다. 외국어로 협상도 하고 다투기도 하고 함께 놀기도 하니, 외국어를 배우는 모든 어린이는 외교관이 될 소질을 갖추고 있는 것이다.

아이가 외국어를 습득(acquisition)하는 방법이 이처럼 성인과는 다르기 때문에, 성인 학습자와는 다른 방법으로 접근해야 한다. 그런데 한국의 전통적인 외국어 교육 방식은 발음을 강조하고, 어휘량을 중시하며, 문법을 설명하고, 문장을 번역하는 경우가 대부분이었다. 이 방식으로 배운 사람이 결국 아이의 교육을 책임지다 보니 여기에 영향을 끼치지 않을 수 없다.

아이의 발달 수준과 문해 능력도 언제나 고려되어야 한다. 외국어에 무한정 몰입(immersion)하는 것이 좋다고 하여, 그냥 간단하게 한국말로 설명해 주면 좋을 것을 굳이 어렵게 빙빙 돌려서 해당 외국어로 지리하게 설명하여 아이를 질리게 만드는 것도 좋은 방법이라 할 수 없다. 어린이가 설명을 이해할 수 있는 연령에 도달했다면 눈높이에 맞추어 설명을 해 주어야지, 괜히 갓난아이 취급하며 놀이만 시킬 필요도 없다. 반면 김명순(2008: v)의 연구에 따르면 한국의 초등학생을 대상으로 한 교재는 성인을 대상으로 한 회화교재를 단지 표지만 바꾸고 내용을 간략하게 하여 사용하는 것이 대부분이다. 교재에 대한 아쉬움은 중국에 있는 조선어 학교에서도 계속 제기하고 있는 부분이며, 이것이 조선어 학교가 붕괴되는 주요한 이유로 꼽히기도 했다(권태환 편저, 2006; 김병운, 2007). 베이징 재중동포 사회의 당면 문제 중의 하나로 한국에 대한 과잉 기대와 불만이 지적되기도 했으나(권태환 편저, 2006), 적어도 교재 개발과 관련된 문제는 양국 간에 긴밀한 상호 협력이 필요할 것으로 보인다.

⑤
한-중 이중언어 사용자는 늘어날까?

    1984년 한국에 외국어고등학교가 처음 설립된 이후 꾸준히 외국어 교육기관이 증가하고 있고, 특히 중국어의 경우에는 1992년 한중 수교를 전후하여 중국과 교류 증가로 한국어와 중국어 이중언어 사용자의 비율 역시 크게 증가했으리라 예상할 수 있다. 재중동포 다문화 가정 출신의 비율 이외에 어떤 지수를 통하여 한-중 이중언어 사용자의 변화 추세를 추적할 수 있을까? 한국방송통신대학교 중어중문

표 9-1 상하이종합주가지수와 한국방송통신대학교 중어중문학과 등록자 수

단위: 포인트, 천 명(매년 1월 기준)

연도	주가지수	등록자 수	연도	주가지수	등록자 수
1984	–	2.2	2007	2,668	9.3
1992	–	10.8	2008	5,484	9.1
1997	–	10.6	2009	1,904	8.5
〰	〰	〰	2010	3,224	8.0
2001	1,408	9.0	2011	2,791	8.1
2002	1,408	11.4	2012	2,244	7.9
2003	1,319	10.9	2013	2,276	8.0
2004	1,517	10.6	2014	2,013	7.8
2005	1,244	10.9	2015	3,285	8.5
2006	1,221	10.2	2016	2,900	7.8

학과(방송대 중문과)에는 그 특성상 중국어가 필요하다고 느끼는 성인 학습자가 신입생 혹은 편입생으로 지원한다. 그 등록생 숫자는 1992년의 한–중 수교를 전후로 하여 크게 증가했는데, 1984년(2,272명)과 비교해 보면 불과 9년 만에 거의 여섯 배나 급등(1993년 12,211명)했다.[9] 그러다가 1997년에는 한국 경기가 악화되어 그 여파로 등록자 수가 1만 620명으로 줄어들었으며, 2007년 중국 주식시장이 급락 국면을 맞이한 시점과 비슷한 시기에 등록자 수 역시 감소하여, 서로 관계가 있다고 볼 수 있다. 2014년에 한국과 중국 양국 관계가 호전되고 중국 경제에 대한 전망이 나아지면서, 2015년에 다시 성장세로 돌아선 것도 같은 맥락에서 이해할 수 있다. 2015년 중국 증시 급락으로 2016년에는 다시 숫자가 감소했다(〈표 9–1〉 참조).[10]

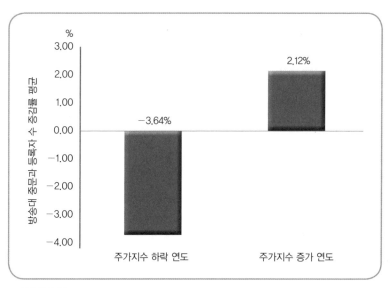

그림 9-1 상하이종합주가지수에 따른 방송대 중문과 등록생 수 증감률 평균 (2001~2016년)

앞의 수치를 바탕으로 상하이종합주가지수 등락에 따른 등록자 수
변화를 살펴보면, 이 둘이 등락을 함께하고 있음을 살펴볼 수 있는데,
이를 매해 증감률로 계산한 후 다시 그림으로 나타내면 〈그림 9-1〉과
같다.

또 한 가지 흥미로운 부분은 2011년 이래로 이 대학의 각 지역 대학
학생에게 질문한 "주변에 한-중 이중언어 어린이가 있는가"라는 문항
에 대한 답변이다.[11] 2011년에는 서울과 인천 이외의 지역에서는 있
는 경우를 거의 찾아보기 어려웠으나 2015년에는 전국의 각 지역에서
고루 있다는 답변이 나오고 있다. 그 유형도 2011년에는 재중동포 출
신의 다문화 가정 출신이 주를 이루었으나 2016년 현재에는 재중동포
출신의 다문화 가정 출신뿐만 아니라 북한이탈주민 가정 출신, 모국
어가 한국어인 가정 출신 등으로 다양화되고 있다. 이는 갑자기 한-중
이중언어 어린이의 숫자가 증가하고 다양화되었다기보다는, 한-중 이
중언어 어린이로서의 정체성을 타인에게 드러내는 데에 대한 거부감
이 점차 줄어들고 있다고 해석하는 것이 타당해 보인다.

06

이중언어가 목적일 때

어린이의 이중언어 교육과 관련하여, 그로장은 이중언어가 목적인 경우와 목적이 아닌 경우로 나누어 과정을 살펴보았다. 왜냐하면 목적에 따라서 언어에 대한 태도, 경제적 지원 등 구체적인 교육 방법 또한 차이를 보일 수밖에 없기 때문이다.

어린이가 기존에 알고 있던 언어가 소수 언어일 경우, 이중언어가 목적이 되기는 어렵다. 이런 경우에는 학교 생활의 적응을 위하여 기존의 언어는 최대한 방치하는 것이 새로운 언어를 습득하는 데에 도움이 된다고 생각하기 쉽다. 한국어가 빨리 늘지 않고 학교 생활에 적응하기가 어려울 때, 실제로는 기존에 알고 있던 중국어가 인지와 이해에 큰 역할을 하지만, 마음이 급한 학부모는 중국어 때문에 한국어가 생각만큼 늘지를 않는다고 생각하기 마련이다. "빨리 한국어를 배워야 하는데, 자꾸 중국어로 단어가 생각나서"라고 생각한다면, 이는 자녀를 감산적 이중언어자로 만들어 가는 것이다.

이중언어 자체가 목적이 된 예로는 흔히 몰입교육으로 알려져 있는 이중언어 교육 방법이 가장 대표적이라 할 수 있다. 몰입교육은 1960년대 캐나다 퀘벡에 있는 작은 도시인 생랑베르에서 시작된 일종의 언어적 실험이다. 물론 몰입 프로그램(immersion program)이 이곳에서 시작될 수 있었던 것은 프랑스어와 영어 동시 사용자가 다수 거주하는 퀘벡이라는 지역의 언어적 환경이 우선적 요건이었겠지만, 아이에게 언어를 제대로 가르치고자 하는 학부모의 열정과 적극적 행동이 있었기 때문에 가능한 것이었다(Lambert and Tucker, 1972).

생랑베르뿐만 아니라, 미국 애리조나의 포트 드파이언스(Fort Defiance)에서 인디언 언어를 되살리고자 했던 나바호(Navajo) 언어 부활 프로그램(language-revival program), 미국 매사추세츠의 케임브리지에서 펼쳐지는 아미고 스쿨(Amigos School), 스위스의 이중언어 도시인 비엔(Bienne)/비엘(Biel)의 양언어 프로그램(dual-language program) 등도 모두 이중언어 교육의 성공적 사례다(Grosjean, 2012).[12]

한국의 영어 교육에서도 몰입교육 방식이 거론되곤 한다. 몰입교육의 성공 여부는 학생의 수준에 맞는 커리큘럼과 이것을 지도할 수 있는 교사 배치가 필수적인 요건이다. 언어 환경은 몰입교육의 요건이라기보다는 학습자로 하여금 몰입교육을 통하여 언어를 효율적으로 배우게 하는 동기다.

한국 사회의 현실을 보면 영어는 몰입교육을 원하지만 중국어는 다문화 교육의 일부다. 몰입교육이 캐나다에서 시작되었을 당시의 취지와 세계 각국의 성공적인 사례를 보면 한국에서 몰입교육이 정작 시급한 분야는 영어가 아니라 오히려 중국어다. 그럼에도 중국어가 몰입교육이 되지 못하는 데에는, 역시 한국 사회에 있는 언어에 대한 태도가 크게 작용한다.

몰입교육이건 다문화 교육이건 학습자와 주변의 상황을 고려하는 것이 중요하다. 이현정(2009)의 표현대로 다문화 가정 출신을 불쌍하게 생각하는 것이 아니라 평등한 관계로 대해야 할 것이다. 몰입교육역시 더 나은 위세언어를 배우는 것이 목적이 아니다. 언어 교육에서도 이 점은 차이가 있을 수 없다. 두 개의 언어를 동등한 입장에서 바라보는 양언어 프로그램 등의 명칭에서 볼 수 있듯이, 평등한 관계 맺기가 언어 교육의 성패를 가를 수 있다.

프랑스의 언어 정책과 언어 계획

　　언어 정책과 언어 계획이라는 각도에서 보면 프랑스와 한국은 양극단에 놓여 있는 대표적인 국가라 할 수 있다. 프랑스도 한국도 하나의 언어만을 공식 언어로 인정하고 있다. 그렇다면 이 두 언어가 현대 생활에서 상용하는 영어 단어를 표기하는 예를 한 번 비교해 보자.

e-mail	camera	computer	wi-fi
이메일	카메라	컴퓨터	와이파이
courriel	appareil photo	ordinateur	accès sans fil à l'internet

　　한국 사람은 종종 이와 같은 예를 통하여 프랑스가 얼마나 자국 언어 보호에 적극적인지 설파한다. 언어는 민족주의만으로 해결되지 않지만 민족주의가 없이 존재할 수도 없다. 외래어의 범람으로부터 프랑스 언어를 지키는 공식 기관은 아카데미 프랑세즈(acadèmie française)이다. 이 기관이 있기에 프랑스어로 발간되고 발행되는 서적, 공문서는 물론, 프랑스어의 일상 용어들까지도 외래어가 아닌 프랑스어로 표현이 가능하다. 1635년에 설립된 이 언어 권력기관은 1994년 당시 문화장관이었던 투봉(Jacques Toubon)의 이름을 딴 '투봉법' 제정으로 살아 있는 권력 기관임을 실감하게 한다. 프랑스의 문화와 언어 보호를 위하여 정부의 공식 문서, 광고, 기업 계약 등에서 모두 프랑스어를 사용해야 함을 골자로 하는 이 법안의 핵심은 사실 자국민

보호다. 새로운 제품이 출시되었을 때에 만약 자국민이 이해하기 어려운 언어를 사용하여 제품명을 정하거나 설명서를 작성하면 프랑스 언어총국은 이 법안을 근거로 이에 대하여 벌금 부과 또는 제품 회수를 요구할 수 있다.

한국계 입양아이면서 젊은 엘리트 여성의 이미지로 널리 알려져 있는 프랑스의 전 문화 장관 펠르랭(Fleur Pellirin, 2014~2016 재임)은 기존의 투봉법과는 완전히 상충하는 발언을 함으로써 최근 주목을 끌었다.[13] "장관으로서의 나의 임무는 (프랑스) 언어에 대해 비효율적으로 쳐져 있는 빗장을 걷어 모든 시민에게 그것이 살아 있도록 하는 것"이 발언의 주요 골자다.[14]

이것은 언어 정책이 필요하지만 과도하게 진행될 수는 없다는 것을 보여주는 단적인 예다. 외래어로 된 광고와 제품설명서가 넘쳐 나는 한국에서는 오히려 프랑스와 같은 사례가 신기할 지경이다. 어디 외래어뿐이랴. 행정기관조차 '여자가 행복하다'라는 의미로 '女행'이라는 단어를 사용한 공고문을 내거는 정도이니,[15] 한국은 실효성 있는

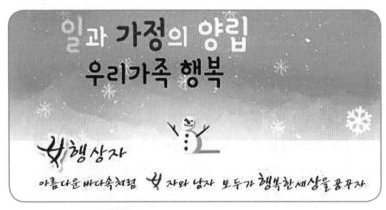

그림 9-2 정책으로서의 '女' 사용의 실제 사례

언어 정책이 사실상 존재하지 않는다고 볼 수 있는 나라다. 하지만 그렇다고 국민의 언어 생활 자체가 프랑스와 큰 차이를 보이는가 하면 반드시 그렇지만은 않다. 한국 사람이 사용하는 이동전화 문자 등에서 말을 과도하게 줄이는 것만큼, 프랑스 사람도 비슷하게 줄인다. 프랑스 젊은이 사이의 은어 사용 역시 마찬가지다. 단, 이것이 공식적으로 문자화될 때에는 상황이 달라진다. 언어 정책이 있느냐 없느냐는 이럴 때 큰 차이를 빚어내는 것이다.

언어는 사용하는 사람들의 것이다. 따라서 지금 나의 언어를 적극적으로 보호할 것인지, 아니면 더 나은 다른 언어로 나의 언어를 전환하여 그 언어가 보호받는 만큼 나도 수동적으로 보호받을 것인지에 따라 한국민의 언어 계획은 진행될 것이다. 이 사이에서 국민의 합의가 이루어지지 않는다면 전자는 한국어 보호주의자 또는 민족주의자라는 멍에를, 후자는 언어 사대주의자 또는 기회주의자라는 누명을 쓰지 않을 수 없다.

한국은 외국어와 관련된 언어 계획을 언제나 개인의 선택에 맡겨 왔다. 지금 한국에는 새로운 이중언어구가 나타나고 있으며, 많은 사람이 여기에 관심을 기울이고 있다. 이러한 현상은 그 자체로 동북아의 균형 안정에 매우 중요한 지위를 차지한다. 이것을 정치와 경제의 논리뿐만 아니라 그 속에 살고 있는 사람들, 특히 많은 인구가 해결책을 찾지 못하고 있는 한-중 이중언어 어린이 교육과 관련된 문제로 풀어 갈 때 새로운 차원에서 실질적 접근이 가능해질 것이다.

08

성공적인 한-중 이중언어 어린이로 키우기

　　어린이는 어떻게 성공적으로 외국어를 배울까? 어떻게 성공적인 이중언어 어린이가 될 수 있을까? 이 질문에는 '어른보다 더'라는 말이 생략되어 있다. 성인 학습자와 비교해 보았을 때 어린이는 확실히 외국어를 더 성공적으로 배우는 것처럼 '보인다'. 다시 말해서 어린이가 더 성공적으로 배운다는 것 또한 이중언어에 대한 흔한 오해 중의 하나일지 모른다.

　　외국어 학습에 어린이가 성인에 비하여 탁월한, 그리고 누가 보더라도 가장 분명한 장점은 바로 발음이다. 어린이는 모국어 화자의 발음을 있는 그대로, 즉 따라한다. 흉내 낸다는 뜻이다. 게다가 어린이가 구사하는 단어는 양 자체가 많지 않다. 따라서 성인이 필요로 하는 어휘 수, 즉 학습 목표량에 비하여 애초에 채우기를 바라는 목표량 자체가 적다.[16]

　　단기적으로 보면 발음을 제외하고는 어른이 어린아이보다 외국어를 더 빠르게 배울 수 있다. 어른에게는 어휘, 문법 등, 외국어에 대하여 설명해 줄 수 있다. 어른은 외국어 지식을 쉽게 이해하지만 외국어를 배우는 기간이 길어지면서 차츰 정체기를 맞이한다. 반면 아이는 점점 실력이 나아진다. 이것은 나이와의 상관 관계보다는 환경과의 상관 관계 때문이다. 어른은 기존에 자신이 잘 알던 사람과 계속 만나려는 경향이 크지만, 어린이는 나이가 어리기에 새로운 친구를 쉽게 사귈 수 있다. 이뿐만 아니라 낯선 집단에도 큰 거부감 없이 편입될 수 있다. 언어 환경에 쉽게 받아들여지고 또한 적응이 쉽다는 장점이 있다.

오늘날 한국에는 한국어와 중국어를 이미 동시에 구사할 수 있는 이중언어 어린이, 혹은 아이를 이중언어자로 키우고자 하는 사람이 적지 않다. 그리고 이들에게 성공적으로 언어를 가르치고 유지할 수 있도록 도움이 될 만한 연구가 최근 많이 쏟아지고 있다. 여기에는 몇 살에 시작하는 것이 좋을지, 언어 기능 중 무엇에 집중해야 할지, 학교 와 가정에서 언어 생활을 어떤 식으로 배분해야 하는지, 왜 그래야 하 는지, 이중언어의 비율은 어떻게 조정해야 할지와 같은 물리적인 부 분도 있고, 한-중 이중언어 어린이를 둘러싼 언어 심리적 부분도 있 다. 물리적인 면은 겉으로 드러나지만 심리적인 면은 쉽게 드러나지 않는다. 그러나 심리적인 부분에 주의하지 않고서는 성공적인 이중언 어 어린이로 키우기가 쉽지 않다. '왜 우리 아이 외국어는 제자리걸음 일까'라고 생각하기 전에, 굳이 다른 아이 또는 다른 언어와 비교하 여 '왜 우리 아이는?'이라는 질문을 던지고 있는 어른의 마음속을 들 여다보아야 한다.

EBS에서 제작한 언어발달과 관련된 프로그램에서는 한국인이 외 국어 학습과 관련하여 얼마나 편견에 사로잡혀 있는가를 단적으로 보 여 준다.[17] 어수룩해 보이는 한국 중년 남성의 화면을 보면서 이 사람 의 영어 실력이 어떤지를 평가해 달라는 부탁에, 한국의 학부모들은 발음이 딱딱 끊어졌다, 발음이 좋지 않다, 우리 아이가 저 사람보다는 영어를 잘했으면 좋겠다 등으로 답변을 내놓았다. 반면에 영어가 모 국어인 사람들은 같은 화면을 시청한 후, 의사도 잘 전달하고 내용이 분명했다, 높은 수준의 단어를 사용했다 등으로 후하게 평가했다. 점 수로 평가해 달라는 부탁에 한국의 학부모는 40~50점, 영어가 모국어인 한 교사는 90점대 후반의 점수를 주었다. 뒤이어 밝혀진 진짜 화자는 바로 반기문 UN 사무총장이었으며 이 화면 내용은 바로 21세기 명연설 중의 하나로 손꼽히는 UN 사무총장 연설이었다. 즉 눈에 보이는 다른 점에 주목하여 다름을 무시하고 같아지기를 요구하며 압박하는 사회 분위기가 있는 것이다.

언어차별은 해당 언어에 대한 이해보다 권위를 중시하는 심리와 관련이 있다. 이러한 심리는 강세언어에 대한 막연한 추종이라든가 외국어 구사에 있어 표면적으로 드러나는 발음을 우선시하는 편협한 시각을 갖게 한다. 경기도 다문화센터에서 제공하는 교사용 매뉴얼에 있는 상담 자료 가운데에는 중국에서 온 아홉 살 아이의 이야기가 실려 있다. 중국어 선생님이 이 아이의 중국어 발음이 정확하지 않다고 지적을 하면서 발음 교정이 필요하다고 하니 아이가 자꾸만 위축된다는 이야기다. 중국에서 살다 온 아이의 발음을 문제 삼을 정도로 외국어의 발음을 유독 중시하는 이 풍토는 한국 사회 전체에 만연해 있다. 이러한 양상을 잘 보여 주는 대표적인 예가 박근혜 대통령이다.

박근혜 대통령은 해외에서 해당 국가 언어가 영어, 프랑스어, 스페인어, 중국어라면 직접 그 언어로 연설하는 것으로 유명하다. 박 대통령의 중국어 발음은 흠잡을 데가 없다. 외국인이기 때문에 연결이 다소 부자연스러운 곳이 있지만 각고로 노력한 흔적이 역력하다. 프랑스어나 스페인어 연설의 발음도 마찬가지로 매우 이상적이다. 역대 한국 대통령 가운데 외국어 발음만 놓고 보면 한국 학부모가 가장 이상적으로 생각하는 전형이다. 그러나 EBS 제작진의 결론처럼 외국어 발음을 고집하는 학부모가 어서 편견을 벗어던져야 아이의 외국어 교육에도 진정 변화가 일어난다는 점 또한 거론될 필요가 있을 것이다. 박 대통령의 완벽한 외국어 발음은 다름아닌 한국의 학부모들이 불러낸 소산이나 다름없다. 외국어를 구사하는 데 발음을 최우선하는 태도를 바꾸게 되면, 한국은 그때쯤 그에 어울리는 모습의 지도자를 맞이하게 될 것이다.

우리 안에 있는 두 개의 혀

지금 당장 서울 거리를 둘러보면 영어로만 적힌 간판이 한둘이 아니다. 한국의 스타벅스 매장에서 주문을 하면 영수증 내역에는 한국어가 하나도 없고 모두 영어로 인쇄되어 나온다. 렌카(Lenka)나 마룬5(Maroon 5) 같은 외국가수의 한국 공연에서는 관객이 이들의 히트곡을 따라 부른다는 뜻의 '떼창'이라는 표현이 나올 정도다.[18] 한국 사회에서 '정지'라든가 '서시오' 표지판보다는 'Stop'이, '담배 피지 마시오'나 '금연' 표지판보다는 'No smoking'이 더 자연스럽지 않냐고 자문해 보자. 사실 사람들(특히 청년층)은 '동대문역사문화공원'이나 '동대문디자인플라자'보다는 'DDP'를 더 자주 사용하는 편이다. 이제 노래를 부를 때에도 오빠는 강남 'style'이지, 강남 '스타일'이 아니다.[19] 그럼에도 한국 사회에서는 개개인의 영어가 부족하고 부끄럽

그림 동대문 디자인 플라자(DDP) 소개

자료: http://www.ddp.or.kr(검색일: 2015. 12. 05).

다는 생각이 주종을 이루고 있다.

사실 정작 필요한 것은 영어 발음을 얼마나 미국의 아나운서처럼 하느냐가 아니다. 그보다는 정보 문해(information literacy) 기술이다. 정보 문해는 미래 민주주의 사회에서 필수적인 것이다. 시민이 정보 사회에 발목이 잡히는 것이 아니라 현명한 정보 사회를 이룩하고자 한다면, 또한 정보를 단순하게 재생산하고 소비하는 것이 아니라 의미 있는 존재의 일부가 되기 위해서는 인문 문화에도 정보 문해가 필수적이다(Shapiro and Hugues, 1996). 이미 종이신문과 책만으로는 정보를 감당할 수 없는 시대를 살고 있는 현대인으로서는 인터넷 검색 없이는 삶 자체가 불가능하지 않는가. 그런 의미에서 인터넷을 사용하는 한국인이라면 이미 이중언어자라 할 수 있다. 영어를 전혀 모르고서는 인터넷 사용 자체가 불가능하다. 우리 안에 이미 두 개의 혀가 있다는 사실을 다만 인지하지 못하고 있었을 뿐이다.

한국 내에도 한-영 이중언어자뿐만 아니라, 한-중, 한-독, 한-일 이중언어자, 더 나아가 한-베트남, 한-스와힐리 이중언어자로까지 더 다양화되고 이들이 모두 나름의 가치를 인정받을 수 있어야 할 것이다. 그러나 실제로는 어떤가. 특히 소수언어 이중언어자일수록 순식간에 감산적 이중언어자가 되어 주된 언어를 잘하는 사람이 되기를 원한다. 그렇다면 당분간 정답은 오로지 영어 하나밖에 없을 것이다. 영어를 잘하는 사람은 여전히 인정받을 것이고, 그렇지 못한 사람은 아무리 다른 언어를 잘 구사하는 이중언어자라 하더라도, 영어에 대한 이해가 없다면 앞서가는 삶을 산다고 봐 주지 않을 것이다.

한국은 그전은 물론, 2012년에도 UN 인종차별철폐위원회(CERD)로부터 인종차별철폐협약에 의거하여 의견을 받은 적이 있다. 협약에 의하면 인종차별은 범죄의 한 형태로 규정되어야 하며, 가중처벌 사유로 고려되어야 한다. 한국이 인종차별 관련 통계가 부족하며 관련 관례가 사실상 없다는 사실 역시 의견으로 제시되었다. 이 밖에도 여러 가지 의견이 인종차별철폐위원회에서 제기되었다. 인종차별의 국제적 협약이라는 관점에서 보면 한국 사회는 인종차별을 하는 곳이며 여전히 관리대상에 속한다. 인종차별과 언어차별은 늘 평행선을 그리기 때문이다.

우리 안에는 이미 두 개의 혀가 작동하고 있다. 영어가 20세기 중반 이후 한국 사회 안에 들어오기 전에는 중국어, 일본어, 러시아어, 프랑스어, 독일어 등 여러 언어가 경쟁 관계를 빚기도 했다. 영어가 한국 사회에서 정식으로 인정된 공용어는 아니지만 필수적이라는 사실은 한국을 둘러싼 사회의 언어 상황을 매우 복잡하게 만든다. 특히 한국 사회로 유입되고 있는 재중동포나 북한이탈주민 출신에게는 이미 사회적으로 큰 격차가 생기도록 한다. 한-중 이중언어 어린이 가운데 적지 않은 비율이 이런 상태에서 성장하고 있다. 한편 한국에서 중국어를 배우고자 하는 어린이는 필연적으로 영어 위에 중국어를 더하는 최소한 삼중언어자의 발걸음을 뗀 셈이다. 이들의 언어 상황을 이해하고, 이들이 어려움을 극복할 수 있도록 한국과 중국 양국이 현실적인 언어 계획을 수립할 수 있어야 한다. 그 출발점은 비록 미미해 보인다 하더라도 우리 모두에게 이미 두 개의 혀가 있음을 인식하고 인정하는 것이다. '이중언어자입니까?'라는 질문에 많은 이들이 스스로 긍정하고 적극적으로 손을 들게 될 때 비단 한-중 이중언어자뿐만 아니라 더 많은 어린이들이 가산적 이중언어자로서 성장하게 될 것이다. 우리 사회가 얼마나 더 풍요로워질지는 이들을 어떻게 가르치고 대하느냐에 달렸다.

후기

    나는 대학에서 중국어를 가르치는 사람이다. 형식만 본다면 중국어를 가르친다고 할 수 있지만, 더욱 관심 있어 하는 분야는 중국어의 사회언어학적인 측면과 이를 실제 교육에 적용하는 것이다. 사회언어학은 20세기에 들어서 미국에서 꽃을 피운 학문 분야로, 중국어와 관련된 거의 모든 학문이 사회언어학의 관심 대상이 될 수 있다는 것이 나의 생각이다. 사회언어학에서 찾아낸 숱한 개념을 중국어에 적용시킬 수 있음을 알았을 때, 중국의 전통 학자들이 그토록 많은 문헌과 자료 속에서 남긴 것들이 바로 그 새로운 개념을 통해 완전히 새롭게 해석될 수 있음을 알았을 때의 전율이란 이루 형언할 수가 없다.

    교육의 문제는 연구와 직결되어 있는 것 같지만 별개로 공존할 수도 있다. 둘의 관계는 붙어 살기도 하고 따로 살기도 하는 주말 부부와도 비슷하다. 유학을 마치고 한국으로 돌아온 나에게 연구와 교육은 단 한 번도 붙어 산 적이 없다. 그러다가 이 둘을 다시 결합시키고자 하는 열정 하나만으로 이 책을 쓰기 시작했다. 시간이 흐를수록 무모한 기획이 아니었던가 하며 자주 후회하곤 했다. 그럴 때마다 나에게 정신적인 지주가 되어준 이는 바로 비트겐슈타인이었다. 20세기를 빛낸 최고의 지성, 언어철학의 대가, 러셀조차 극찬한 천재, 제1차 세계대전 당시 전 세계에서 내로라하는 부유한 가문의 아들이었던 그가, 상속받은 재산을 모두 사회로 환원해 버리고 자신은 행복했노라 며 평온하게 두 눈을 감을 수 있었던 그 이유가 궁금했다. 말하자면 그의 생애는 낙타가 바늘구멍으로 들어간 것과 마찬가지인데, 만약 그에게 트라텐바흐, 오테르탈, 푸흐베르크와 같은 오지 마을에서 7년 이나 시골 아이들을 가르친 경험이 없었다면 그의 후기 언어철학은 완성될 수 있었을까(윌리엄 바틀리 3세, 2014).

나는 언어학의 종주국이라 할 수 있는 프랑스에서 학위를 했다는 그 알량한 사실 하나만으로 언어학, 그것도 이른바 정통 언어학 연구 에 대한 자부심으로 똘똘 뭉쳐 있던 사람이었다. 그런데 학교라는 현 장에 와 보니 교육에 대한 의문이 점점 강하게 들기 시작했다. 그 의 문의 시작점에는 교단에 서기에는 너무나 준비가 부족한 나 자신이 있었다. 결국 나의 부족함을 깨닫는 계기가 바로 교단이었던 것이다.

교육은 현장이 최우선이다. 한국 최고의 대학이라 모두가 선망하는 곳에서 내가 막 일하기 시작했을 때의 경험담이 하나 있다. 한 아이가 이유 없이 결석을 했는데, 같이 수업을 듣는 친구들 말이 그 아이 아버 지께서 돌아가셨다는 것이다. 이제 대학 1학년인데 아버지께서 돌아 가셔서 상심이 크겠구나 싶은 생각이 들었다. 그런데 바로 다음 날 그 아이가 학교에 출석하여 다짜고짜 제발 자신의 출석 점수를 깎지 말 아 달라고 애원을 하는 것이었다. 아, 나는 가르치는 사람이기보다는 출석 점수 체크하는 사람으로 학생들에게 비춰지는 것인가 하는 회의 가 들었다. 그래서 그 1학년 학생을 붙들고 한참을 이야기했다. '지금 너한테 일어난 일이 무엇인지 아냐고, 이것이 출석 점수랑 감히 비교 할 수 있는 일이냐고, 너는 아버지가 돌아가셔서 아직 상중(喪中)이라 고. 먼 훗날 네가 문득 성적표라는 것을 들여다볼 일도 있을 텐데, 너 의 성적이 유달리 나쁜 한 해가 눈에 띌 수 있어, 그해는 너에게 매우 큰일이 있었던 때였음을 알 수 있겠지'라고 말이다. 그런데 이러한 이야기를 들어도 그 학생의 눈이 전혀 흔들리지 않고 오로지 출석 점수 깎을 거냐는 말만 나에게 되풀이하고 있었다.

학생을 이렇게까지 비정하게 만든 것은 바로 괴물 같은 학교 시스템이다. 오늘날의 학교 시스템은 컴퓨터를 통하여 '예' / '아니오'라는 기계적인 처리만을 할 수 있도록 되어 있어, 학교를 왔으면 출석, 아니면 결석일 따름이다. 학생이 왜 못 왔는지를, 선생은 눈으로 뻔히 보고서도 기계를 설득할 도리가 없다. 그러다 보니 이런 학생이 생길 수밖에 없다. 나도 여기에 늘 책임감을 느끼고 있는 한 사람이다. 내 멋대로 아이의 상황을 해석하면서도 지나친 감상만은 아니기를 바랐던 것 역시, 내가 당시 얼마나 초보 강사였는지를 보여 주는 단적인 예에 불과하다.

학교를 한국방송통신대학교로 옮기고 보니, 이곳은 한국 사회의 축소판이라는 느낌이 언제나 강하게 들었다. 단적인 예로, 중국 증시가 바닥을 향하면 중어중문학과 학생 수가 줄고 최고점을 향해 달려가면 학생 수가 늘어나는 곳이다. 중국과의 외교 관계가 순항이면 이곳 지원자 수도 증가한다. 한국 사회의 바로미터가 아닐 수 없다. 이곳의 또 하나의 특징은 다른 학교로 치면 학부모가 되어야 할 사람조차 학생이라는 점이다. 이런 이유로 나는 다른 학교에서처럼 "학생"이라 부르지 않고, 언제나 "학우님"이라 부르며 공대(恭待)를 한다. 그런데 나의 사랑하는 한국방송통신대학교 중어중문학과 학우님들과 시간을 함께하다 보니, 인적자원으로서 이만한 보물창고가 다시없다는 생각이 들었다. 무슨 말인가 하면, 이분들은 스스로가 학생이기도 하지만, 또한 학부모로서 주관이 뚜렷한 경우가 많았다. 한-중 이중언어 어린이에 대한 아이디어 역시 우리 학우님들로부터 비롯된 것이다. 처음에는 출석수업 때에 이야기를 조금씩 듣는 것부터 시작되었다. 그러던 것이 전국으로 확대되더니 나중에는 거의 준 전문 상담사 수준으로까지 발전하게 되었다. 어린이들에게 중국어를 가르치고자 하는 지도사를 양성하는 아동 중국어/한자 지도사 자격증 과정을 개발하고, 이를 운영하게 된 것 역시 그 연장선상에 있다. 이어 대학원으로까지 과목이 확대되었으며, 교사가 되기를 희망하는 많은 분들은 물론 현직 교사들로부터도 관심을 받고 있다. 이 역시 따지고 보면 우리 학우님들로부터 비롯된 것이다. 우리 학우님들의 이야기 하나하나가, 바로 한-중 이중언어 어린이들에 관한 살아 있는 역사다.

한국어와 중국어를 함께 구사할 수 있는 이중언어자의 비율은 한국 사회에서 점차 늘어나고 있다. 한중 관계 발전으로 인하여, 한국어가 모국어인 사람 가운데 중국어를 배우려는 사람과, 역으로 중국어가 모국어이지만 한국어를 배우고자 하는 사람들의 비율은 증가 추세를 보인다. 또한 이 책에서 계속 이야기하듯이 중국의 동북 지역에는 너무나 완벽한 이중언어구(區)까지 이미 갖춰져 있는 상태다. 그러나 이것이 점차 해체되고 있는 것이 눈에 뻔히 보이는데도, 어쩔 수 없다고 하는 것은 경제 논리요 정치 논리 때문이다. 특히 이들에 대한 정확한 통계조차 이루어지지 않고 있는 상태이기에 체계적인 언어 및 사회문화 교육 역시 아직은 걸음마 단계라 할 수 있다. 이 가운데 고통 받는 것은 언어 교육에 수동적일 수밖에 없는 어린이다. 이들과 이들 가족에 대한 세심한 배려 없이는 결국 한국 사회가 이후에 큰 비용을 지불할 수밖에 없다. 이것은 언어 문제인 동시에, 정체성에 관련된 문제이며 나아가 인간 존엄과 관련된 문제이기 때문이다.

나는 프랑스에서 중국어로 박사 학위를 취득한 경력으로 인하여, 20세기의 후반과 21세기의 전반을 프랑스에서 보냈다. 유럽이 통합되고 유로라는 단일 통화가 생겨나던 시절이었다. 당시만 하더라도 프랑스에서 서로 다른 문화권 간의 증오감이 심각하지는 않았다. 오히려 지금 한국 사회의 '다문화'와 같은 개념이 널리 퍼져 있었으며 이에 대해 적극적인 제도적 지원을 하는 상황이었다. 그런데 2016년 현재는 어떠한가. 유혈 사태를 비롯하여 상상하기 힘들 정도의 마찰로 프랑스 사회는 물론이고 유럽 전체가 큰 홍역을 앓고 있다. 도대체 어디서부터 다시 재건해야 할지 실마리를 찾기 어려워하는 듯이 보일 정도다. 한국이라고 이런 날이 오지 말라는 법이 있을까?

2012년 미국의 미네소타 대학에서 1년간 머무르면서 외국어를 가르치는 교사를 대상으로 한 대학원 과정(Post-baccalaureat) 운영을 지켜볼 수 있었던 것도 내게는 이중언어 교육을 심도 있게 살피는 좋은 계기였다. 이곳은 몽족(Hmong)과 소말리족(Somali) 등 다양한 나라의 난민을 받아들이고 이들을 위한 다양한 언어 교육 프로그램을 운영하는 곳이었다. 또한 공자학원이 전 세계에서 가장 잘 운영된다며 중국 정부로부터 이미 상을 받기도 한 곳이었다. 그 속에는 이중언어자를 어떻게 대할 것인가에 관한 사회의 합의, 통용되는 관념과 철학, 그리고 이를 기반으로 한 제도화가 자리 잡고 있었다. 사회적으로 이중언어자들을 인적자원운영(HRM: Human Resource Management)의 대상으로 보고, 언어 문화에 대한 교육을 철저히 이수한 후 이들을 사회 구성원으로 받아들여야 한다는 주장에 힘이 실려 있었다.

유럽은 상당수의 사람들이 이미 이중언어자이지만, 각종 문서까지도 자신이 편안함을 느끼는 언어로 접할 수 있도록 되어 있다. 유럽위원회가 하나의 문서를 무려 24개의 언어로 번역해 내고 있기 때문이다. 한국 사정은 아직 이 정도까지는 아니다. 이중언어사에 대한 한국 사회의 배려는 아직도 매우 부족하다. 한국과 중국은 점차 가까워지고 있는데, 일반인뿐만 아니라 학계에서조차 한-중 이중언어자의 생활 및 정체성에 대한 이해가 크게 부족하며, 특히 이들의 교육 문제에 대한 체계적 접근은 더욱 어려운 실정이다.

우리는 이 문제를 언제까지나 이대로 방치할 것인가, 만약 이 문제를 풀고자 한다면 어떤 점에서부터 시작해야 할 것인가. 여기에는 중국에서 조선족이라 불리는 재중동포를 비롯하여 한-중 이중언어자를 둘러싼 각 사회의 구조적인 문제에 대한 사회언어학적인 방법 모색이 한 방안으로 제시될 수 있다.

이 책에서는 이중언어자에 대한 사회적인 오해 및 편견, 한국 사회의 한-중 이중언어 어린이, 그리고 재중동포 사회에서 동용되는 조선어-한국어-중국어 사이에서 한-중 이중언어 어린이가 겪고 있는 갈등과 이에 대한 돌파구, 또한 한국 사회의 한-중 이중언어자가 겪을 수밖에 없는 한국어-중국어-영어 사이의 언어 경쟁 양상에 대한 이야기를 해 보았다. 요컨대 한-중 이중언어 어린이와 이들의 가족이 일상생활 속에서 겪게 되는 언어로 인한 문제점은 쉽게 해결될 것으로 보이지 않는다. 오히려 현재로서는 양국 간 언어 교육의 비대칭성이 심해질 가능성이 커지고 있다.

동일한 한-중 이중언어 어린이라 하더라도 이들은 연령에 따라 언어 능력 기술면에서 큰 차이를 보이고 있었다. 연령별 언어 이해도 차이에 대한 원인도 분석 가능하다. 언어 기능별 차이 또한 파악이 가능할 것이다. 이들 연구 결과를 바탕으로, 보다 장기적인 방안을 모색하여 이를 향후의 언어 계획에 반영할 때에 한중 양국 간의 상호 언어교육은 더 큰 결실을 거둘 수 있을 것으로 기대된다. 물론 사회적으로 이중언어자에 대한 인식 전환이 함께 진행되었을 때를 전제로 했을 때에 말이다.

감사 인사를 처음에는 서문에 썼다가 수정을 거듭하면서 뒤로 옮기게 되었다. 감사를 넘어서 빚을 졌다는 느낌마저 든다. 먼저, 귀찮고 때로는 답하기에도 껄끄러웠을 질문에 일일이 대답해 주고 인터뷰에도 응했던 많은 분들께 감사드린다. 실명을 거론하는 데에 승낙하지 않은 분들은 모두 가명 처리했다. 단, 이미 공개된 인터뷰에 응한 경우는 예외다. 메일로 여러 차례 번거로움을 끼친 위안(苑) 박사님, 기꺼이 추천사를 써 주며 격려를 아끼지 않은 Byun 변호사님과 미네소타 대학 공자학원의 실무자인 Zhang-Gorlce 박사께도 특히 감사의 말씀을 전한다.

방송대 대학원 실용중국어학과 대학원생들, 방송대 중어중문학과 학생들과 동료 교수님들께 감사를 표한다. 늘 묵묵히 도와주는 고마운 후배인 정지현 박사가 이번에도 많은 부분에서 거들어 주었다. 특유의 꼼꼼함으로 책을 끝까지 읽어주고 조언을 아끼지 않은 김석영 교수도 말할 수 없이 고맙다. 제목 채택부터 목차에 이어, 완성되지 않은 거친 원고와 실랑이했을 이명은 선생께도 감사의 마음을 전하고자 한다. 김준영 선생이 세심하게 글의 순서를 다듬고 일일히 교정을 봐 주어 난삽하기 그지없던 이 책이 번듯한 모양새를 갖게 되었다. 얼마나 고마운지 모르겠다. 결코 대중적인 주제가 아님에도 출판이라는 어려운 결정을 내렸을 뿐만 아니라 여러 방면에서 도움을 준 방송대 출판문화원 관계자들께 꼭 감사의 말씀을 전해야 할 것 같다. 늘 뒷전이었던 가족들에게도 이번에는 사랑한다는 말을 아끼지 말아야겠다.

끝으로 이중언어를 사용할 수밖에 없었지만 그로 인하여 지금까지 힘들었다는 내색하기조차 어려워했을 세상의 많은 사람들과 그의 가족들에게, 당신은 결코 혼자가 아니라고 말하고 싶다. 이 한 권의 책이 작은 힘이라도 될 수 있기를 바란다.

제1부

1　JTBC 채널에서 2014년 7월부터 시작한 토크쇼 프로그램(연출: 김희정 외)이다. 약 10여 개 국의 외국 청년들이 출연하여 주마다 새로운 주제에 대하여 한국어로 이야기를 나눈다. 출연자의 다수가 OECD 가입국 출신으로 한국에 거주하는 전체 외국인의 비율을 제대로 고려하지 않았다는 비판도 받았으나 5% 이상의 높은 시청률을 기록하는 등 한국에서 인기가 높다.

2　2001년 전남 여수에서 있었던 실화를 바탕으로 2014년에 개봉한 영화(감독: 심성보, 봉준호)이다. IMF 사태 직후 한국 사회 내의 배금주의와, 밀입국하려는 사람들이 같은 동포인 한국인으로부터 느끼는 모욕감과 인간 존엄 상실, 이로 인하여 일어나는 우발적인 사건이 그려져 있다.

3　블룸필드는 어릴 때부터 두 개의 언어를 배워 모두 모국어처럼 자유자재로 구사할 수 있어야 진정한 이중언어자라고 보았다(Bloomfield, 1933: 56). 그는 언어 환경에 주목하면서도 당시 유럽의 부유한 가정이 보모나 과외 교사를 고용해서라도 자녀에게 이중언어 교육을 시키는 것을 예로 들어 거론하는데, 그 이유는 바로 이중언어에 대한 자신의 이해에 기반을 둔 것이다.

4　조셉 콘래드는 영어로 작품 활동을 활발히 했지만, 폴란드 출신이라 자신이 폴란드 사람이라는 점을 언제나 강조한 것으로 알려져 있다(https://en.wikipedia.org/wiki/Joseph_Conrad, 검색일 : 2016.03.11).

5　https://fr.wikipedia.org/wiki/La_Montagne_de_l%27%C3%A2me, 검색일: 2016.03.11. 가오싱젠은 이 소설을 1990년에 완성했고, 5년 뒤 프랑스어 번역판을 출간했다. 그가 프랑스 국적을 얻은 이유는 정치적 망명 때문이었다. 노벨상을 받을 당시 중국 내에서는 그의 글이 출판 금지는 물론, 판매도 금지된 상태였다.

6　https://en.wikipedia.org/wiki/Genie_(feral_child), 검색일: 2016.03.11.

7　여러 언어 간의 비교는 다른 여러 연구를 종합한 것이다(Owens, 2005: 124~127).

8　음운학자들은 이에 대하여 이견을 보일 수도 있지만 음운론과 언어 교육은 연구 영역이 비교적 나누어져 있으므로, 이견이 반드시 토론으로 이어지지 않았을 수도 있다. 오웬스는 "개인차가 상당히 크며, 일부 소리의 습득 연령은 3년까지 변하기도 한다"(Owens, 2005: 122)로 무난하게 마무리 짓고 있다.

9 한위 병음은 중국어를 소리 나는 대로 쓰도록 한 음운 표기 원칙이다. 이를테면 중국 어로는 '꽃'을 '花'라 쓰지만 병음으로는 'huā'라 한다.

10 '칭글리시' 가운데 상당수는 이미 영어권에서도 정식으로 받아들이기도 했다. "lose face"나 "long time no see"는 각각 중국어의 "丟脸"과 "好久不见"에서 시작된 것으로 알려져 있다. '스팽글리시'는 2004년 미국에서 제작된 영화(감독: 제임스 L. 브룩스)의 제목이기도 하다.

11 프랑스어에서는 언어를 대문자로 표기하지 않기 때문에 anglais나 franglais 등도 소문자로 표기한다.

12 북한 사람은 1980년대 이후 취업으로 1~2년 혹은 2년이 넘게 거주하는 사람과 출장차 오는 사람 또는 탈북자가 아닌 불법 체류 성격이 강한 단기 체류자가 대다수를 이루고, 국경 무역과 관련되어 국경을 매일같이 오고 가는 사람들도 있다. 북한 화교는 1990년대 전후 주로 북한에서 단둥으로 이주한 사람들이다. 북한 화교 신분을 포기하고 중국 국민으로 살면서 국경 무역에 종사하는 사람들도 있다. 조선족은 단둥 토박이와 1990년대를 전후해서 타 지역에서 이주해 온 조선족으로 구분된다. 한국 사람은 1992년 전후 또는 2000년 이후 단둥으로 거주한 사람이 주를 이룬다. 단둥과 한국을 수시로 왕래하면서 양쪽의 삶을 병행하는 사람도 있다. 거주 기간을 기준으로 네 집단을 다시 분류하면, 북한 사람과 한국 사람은 언젠가는 북한과 한국으로 돌아간다고 생각하면서 살고 있는 반면에, 북한 화교와 조선족은 앞으로 살아갈 곳으로 생각하면서 단둥에 터전을 만들고 있다(강주원, 2013: 406).

제2부

1 강성만(2015), 〈정년 뒤 라틴어·75살 때 중국어·81살 희랍어 '도전중'〉,《한겨레》 2015년 11월 2일 자(http://www.hani.co.kr/arti/culture/culture_general/715586. html, 검색일: 2016.03.11).

2 이상은 옌볜 교육국 홈페이지(http://www.ybedu.net) 및 김기창(2009) 참조.

3 베이징대학 홈페이지 조선(한국)문화언어과 안내(http://sfl.pku.edu.cn/list. php?catid=105, 검색일 2016.03.11) 참조.

4 약 4억 이상의 인구가 표준어인 푸퉁화로 의사소통이 되지 않는다고 보기도 한다. BBC 중문판, 2013년 9월 6일 자 기사인 〈중국에는 4억 명 이상이 여전히 표준어로 소통이 될 수 없어(中国仍有超过四亿人不能用普通话交流)〉에서 중국 교육부 발표를 근거로 농촌 및 소수민족 지역에서 이와 같은 문제가 있음을 지적한 바 있다. http://www.bbc.com/zhongwen/simp/china/2013/09/130906_china_putonghua(검색일: 2016.04.04) 참조.

5 영어를 통한 실험에 주로 기반을 두지만 다른 언어를 사용한다고 하더라도 어린이의

언어 발달 자체에 큰 차이가 없을 것으로 본다(Owens, 2005).

6 바우어(2012: 165)는 프랑스어를 기준으로 한다.

7 통계청, 〈지방자치단체외국인주민현황〉(행정자치부) 2014년 통계(2007~2014)와 2015년 통계(2007~2015) 가운데 중국, 중국(한국계), 대만, 몽골만을 추출하여 정리했다.

8 교육부, 〈외국인학교 및 외국인유치원 운영 현황〉(2014년 12월 기준)(http://www.moe.go.kr/web/110501/ko/board/view.do?bbsId=348&boardSeq=58142, 검색일: 2015.07.20).

9 교육통계서비스, 〈학교기본통계: 초등학교 현황(귀국)〉, 《교육통계연보(2014)》(http://kess.kedi.re.kr/publ/publFile?survSeq=2014&menuSeq=3894&publSeq=2&menuCd=62383&menuId=1_3_13&itemCode=02&language=en, 검색일: 2016.03.11).

10 행정자치부, 〈2015년도 지방자치단체 외국인주민 현황〉(http://www.moi.go.kr/frt/bbs/type001/commonSelectBoardArticle.do?bbsId=BBSMSTR_000000000014&nttId=46327, 검색일: 2015.08.07).

11 여성가족부, 〈전국다문화가족실태조사(2015)〉(http://www.mogef.go.kr/korea/view/news/news03_01.jsp?func=view&idx=702320, 검색일: 2016.08.12) 배포용 보도자료 결과 참조.

12 2016년 청소년 통계는 2015년 자료에 근거하며, 다문화 가정 학생 수는 전년도인 2014년에 비하여 21.7% 증가한 것을 알 수 있다(kostat.go.kr/smart/news/file_dn.jsp?aSeq=353502&ord=1 참조, 검색일: 2016.09.03). 2014년 통계 자료는 교육부의 교육통계서비스 가운데 《교육통계연보(2015)》(http://kess.kedi.re.kr/publ/view?survSeq=2015&publSeq=2&menuSeq=0&itemCode=02&language=en, 검색일: 2016.08.07)와 여성가족부의 〈다문화가족 관련 연도별 통계(2015)〉(http://www.mogef.go.kr/korea/view/policy/policy02_05a.jsp?func=view&currentPage=0&key_type=&key=&search_start_date=&search_end_date=&class_id=0&idx=696898, 검색일: 2016.08.07) 참조.

13 8만 7,558명(2014)에 비해서 소폭 줄어든 것으로 집계되었다. 중국(한국계), 중국, 몽골, 대만을 합친 숫자다. 행정자치부, 〈2015년도 지방자치단체 외국인주민 현황〉(http://www.moi.go.kr/frt/bbs/type001/commonSelectBoardArticle.do?bbsId=BBSMSTR_000000000014&nttId=46327, 검색일: 2015.08.07).

14 통계청, 〈전국다문화가족실태조사(2012): 만 9세 미만 다문화가족 자녀의 낮 시간 보살핌 방법〉(여성가족부, 2013년 7월 기준)(http://kosis.kr/statHtml/statHtml.do?orgId=154&tblId=DT_MOGE_1001300565&vw_cd=&list_id=&scrId=&seqNo=&lang_mode=ko&obj_var_id=&itm_id=&conn_

path=K1&path=, 검색일: 2016.03.11).

15 통계청, 〈2008년 사회조사보고서〉. 각 항목은 '직업훈련 및 취업알선(19.1%)', '경제적 지원(17.2%)', '사회 적응을 위한 한글·문화 교육 서비스(31.8%)', '다문화 가족 편견을 깨는 사회분위기 조성(27.8%)', '혼혈인 자녀를 위한 특별 교육 과정 지원(3.9%)'이다. 기타는 총 0.2%이다.

16 통계청, 〈전국다문화가족실태조사(2013): 다문화가족 자녀의 학교 내 방과후 교실 인지율 및 이용율〉(여성가족부)(http://kosis.kr/statHtml/statHtml.do?orgId=154&tblId=DT_MOGE_1001300774&vw_cd =&list_id=&scrId=&seqNo=&lang_mode=ko&obj_var_id=&itm_id=&conn_path=K1&path=, 검색일: 2016.03.11).

17 중앙다문화교육센터, 다문화가족지원포털 및 각 지자체별 다문화센터 등이 역할을 하고 있다. 중앙다문화교육센터(http://www.nime.or.kr), 다문화가족지원포털(중국어, http://www.liveinkorea.kr/cn/) 참조. 각 지자체별 다문화센터는 지자체 홈페이지 참조. 한편 2016년에는 다누리배움터(http://www.danurischool.kr/main.do)를 통하여 온라인 다문화 이해 교육을 본격적으로 선보였다.

18 이 밖에도 중학교는 38개, 고등학교는 10개의 다문화 중점학교가 전국에 걸쳐 있다. 예비학교의 경우 중학교 24개교, 초중고 통합 2개교, 중고 통합 1개교가 있다. 중앙다문화교육센터, 〈2014 학교안내자료(중국어-최종)〉(http://www.nime.or.kr/search/mms1/view/237?page=1&keyword1=안내자료&&&keyword1=안내자료&&&viewtype=list, 검색일: 2015.07.29) 참조.

19 통일부, 2015년 6월 통계 자료(http://www.unikorea.go.kr/content.do?cmsid=3099, 검색일: 2015.07.26) 참조.

20 각 지역 단체별 숭의동지회는 (사)숭의동지회 홈페이지(http://www.sungy.or.kr/) 참조.

21 유해숙(2009)도 "중국에 있는 가족들에게 돈의 송금 등은 새터민에게만 특수한 특징"이라 표현하고 있다.

22 이향규(2007) 참조.

23 YTN(2016), 〈제3국 출생 탈북청소년 학업중단율 높아〉, 2016년 7월 31일 자 보도(http://www.ytn.co.kr/_ln/0101_201607311738313720).

24 1931년 7월 1일 중국 지린 성 창춘의 완바오 산 근처에서 일제의 농간으로 중국의 농민과 조선인 농민 간에 유혈사태가 발생했다. 이 사건에 대한 일제의 왜곡보도로 말미암아 7월 3일 인천에서의 화교 습격 사건을 시작으로 서울과 평양 등 조선 각지에서는 중국인 화교에 대한 배척 사건이 연이어 발생하게 된다(장세윤, 2003).

25 화교 학교는 1999년에야 '각종 학교로서의 외국인학교'로 인정되었다.

26 미국에서는 정치학자이자 백악관 안보담당이었던 브레진스키(Zbigniew Brzezinski)를 비롯해 사학자인 퍼거슨(Niall Ferguson), 세계은행 부총재였던 린이푸(林毅夫)

등이 이를 열렬히 지지했을 뿐만 아니라 안을 마련했는데, 미국 내 다른 한쪽에서는 유럽까지 집어넣어 삼각관계를 만들자는 의견도 나왔다(http://en.wikipedia.org/wiki/Group_of_Two, 검색일: 2016.04.04) 참조. 이희옥 성균중국연구소장 역시 중국 당 지도부는 스스로를 G2라 부른 적이 없음을 지적했다[이희옥(2016), 〈'100년 가게' 넘보는 중국 공산당은 어떻게 살아남았나〉, 《중앙일보》 2016년 3월 23일 자 (http://news.joins.com/article/19767049, 검색일: 2016.03.23) 참조].

27 오스노스(2015)에서 인용. 《뉴요커(Newyorker)》지의 중국 특파원으로서 자신이 중국에 머물렀던 2005~2013년까지의 중국을 일컬어 "변화의 절정"이라는 표현을 사용했다. 인용문 속의 변화 역시 이 기간을 염두에 두고 있다. 한편 1978년 미국의 1인당 국민소득은 이미 1만 439달러에 달했으며, 2013년에는 이보다 약 다섯 배 증가한 5만 2,392달러였다(http://data.un.org).

28 한국은행 경제통계시스템(https://ecos.bok.or.kr/jsp/vis/keystat/#/key, 검색일: 2016.03.11) 참조.

29 안지선(2007). 〈성북동 저택 속 '영어&중국어' 유치원, 메이홈〉, 《중앙일보》 2007년 1월 26일 자(http://news.joins.com/article/2578240, 검색일: 2016.03.11). 'Mei'는 '美'를 중국어식으로 발음한 것이다.

30 통계청, 〈2015년 청소년 통계〉(온라인간행물), 〈사교육 및 방과후학교 참여 실태〉(http://kosis.kr/ups/ups_02List.jsp).

31 2010년을 기준으로 할 때, 전체 국립 초등학교의 수는 17개교, 공립 초등학교의 수는 5,854개교다.

32 260만 명은 2015년에 발표된 2013년 통계를 근거로 하며, 중국과 홍콩, 몽골, 대만을 합친 수치다. 2011년 외무부의 국가별 재외동포 현황에 의하면 중국과 대만만을 합친 수가 271만 명가량 된다. 수치에 다소 차이가 있기는 하나, 전 세계 총 727만 명가량의 재외국민 가운데 중국어권 재외국민이 차지하는 비중이 매우 크다는 것을 알 수 있다. http://www.mofa.go.kr/travel/overseascitizen/index.jsp?mofat=001&menu=m_10_40(검색일: 2016.03.11) 참조. 대사관별 통계는 지역에 따라 수합 방식에 차이를 보이는데, 대체로 중국 공안부, 각 성별 공안청, 중국 통계국, 교육부, 재중국한국인회, 재외국민등록부, 유학생회 자료에 근거하고 있다.

33 2010년에 실시한 인구조사통계는 2011년에 발표되었다. 자세한 내용은 中华人民共和国国家统计局(http://www.stats.gov.cn) 참조.

34 통계청, 〈한국재외동포(2014)〉(http://kosis.kr/statHtml/statHtml.do?orgId=101&tblId=DT_2KAA215&conn_path=I3, 검색일: 2015.07.10).

35 교육부, 〈2015년 재외 한국학교 현황〉(http://www.moe.go.kr/web/100070/ko/board/view.do?bbsId=336&boardSeq=59434, 검색일: 2016.03.16)의 내용을 재구성함.

36 교육통계서비스, 《교육통계연보(2014)》 중 〈재외 한글학교 현황〉(http://kess.kedi.re.kr/publ/publFile/pdfjs;jsessionid=kMYpGdcEW4UrXNEM1ThFz65P2p7Fezbu KTaZv1Bhh9QYYtlOQEj3oaIGNtbn8Tdn?survSeq=2014&menuSeq=3894&publ Seq=2&menuCd=62895&itemCode=02&menuId=1_28_3&language=en, 검색일: 2015.07.19) 참조. 중국, 대만, 몽골을 합친 숫자다.

37 중국어에서는 이중언어를 '雙語'라 한다. 중국의 소수민족 정책과 관련하여 이중언어는 매우 중요한 부분이다. 관련 계획에 따르면 이중언어는 민족 교육의 중요한 부분이다. 여기에는 학령기 전후 단계에서 이중언어 교육의 기초 이론, 실천 모델, 질적 평가 체계, 교재 개발, 교사 양성, 교수 원칙, 학습 원칙, 국내외 이중언어 교육 이론과 모델 비교 등에 관련된 연구가 모두 포함된다. 중화인민공화국 교육부 홈페이지(http://www.moe.gov.cn) 참조

38 2016년 중국은 경제성장률 예상치를 6.5~7%로 잡음으로써 개방 이후 처음으로 7% 이하의 경제성장률 목표치를 잡았다(정부업부보고서 《政府工作報告》, 중화인민공화국국무원매체부, http://www.scio.gov.cn/xwfbh/xwbfbh/wqfbh/33978/34293/zy34297/Document/1471687/1471687.htm, 검색일: 2016.03.20)는 점에서 중국 내외에서 반향이 컸다. 1992년 이래로 중국은 7.3~14.3%의 연성장률을 기록해 왔다. 분기별로는 1993년에 15.4%의 성장률을 기록하기도 했지만, 2012년 이래에는 안정기로 접어들어, 7% 대의 성장률을 보여 왔다. http://data.worldbank.org/indicator/NY.GDP.MKTP.KD.ZG?locations=CN, 검색일: 2016.09.04.

39 박만원(2015), 〈시진핑, 연변 조선족자치주 첫 방문 배경은?〉, 《매일경제》 2015년 7월 17일 자(http:// news.mk.co.kr/newsRead.php?year=2015&no=686465, 검색일: 2016.03.11).

40 중국에서 실시한 인구센서스에 의하면 중국 내 조선족의 인구는 2000~2010년 사이에 평균 4.8% 감소했다. 옌볜의 경우 최근 매년 약 8% 이상 조선족의 숫자가 감소하고 있다. 반면, 한족(漢族), 그중에서도 여성의 비율은 이를 상쇄하고도 남을 만큼 증가했다. 1949년에는 옌볜 전체에서 조선족이 차지하는 비율이 63.4%이었던 것이 2010년에는 32.5%까지 떨어졌다.

41 이는 2005년 전국한국어문교재심사위원회와 동북 3성 한국어문 교재편역 출판협조 소조 연석판공회의에서 통과된 '조선족학교 의무교육과정배치방안'에 의한 것으로, 1995년과 비교했을 때 소학교와 중학교 9년의 의무교육 단계에서 조선어 강의 시간은 41시간이 줄고, 중국어 강의 시간은 총 298시간이 늘어났다.

42 원자료는 중국 국무원 인구조사 사무실[国务院人口普查(1985; 1993)], 옌볜 통계국(2001), 옌지 통계국(2002)에 근거하고 있다.

43 옌지 통계는 2009년 기준으로, 2010년에 발표되었다. 재중동포는 옌지 전체 인구 50만 3,798명 중 57.9%를 차지하고 있다. http://www.yanji.gov.cn/user/index.

xhtml?menu_id=215&mode=view_content&news_content_id=1183&page=6&is_top=0(검색일: 2016.03.11) 참조.

44 2010년 전국인구조사 가운데, 2011년 발표된 베이징의 소수민족 관련 자료에 의거한 대략적인 수치다. http://www.bjstats.gov.cn/lhzl/rkpc/201201/t20120109_ 218572. htm(검색일: 2016.03.17) 참조.

45 2012년에 발표된 중국 국무원 제6차 통계에 기초하고 있다. 중국 통계국(http://www.stats.gov.cn) 참조.

46 칭다오의 경우, 개혁 개방 이전인 1978년에는 138명의 재중동포가 있었으나, 현재 약 15만 명이 거주할 정도로 인구가 증가했다(오성애, 2012).

47 2016년 현재 유럽연합 홈페이지(http://europa.eu/)에서는 24개 주요 언어 가운데 하나를 지정하는 것부터 시작하도록 메뉴가 설계되어 있다.

48 세계 언어 정보 단체인 에스놀로그(ethnologue)에 따르면 현재 한국어를 사용하는 전 세계의 인구는 프랑스어를 사용하는 전 세계의 인구보다 더 많다. 한국어를 사용하는 국가는 전 세계에 총 7개국이지만 프랑스어 사용 국가는 전 세계 무려 53개 국에 달한다. 언어의 대내외적 활용도를 살펴볼 수 있는 EGIDS(Expanded Graded Intergenerational Disruption Scale) 지수에서는 한국어와 프랑스어가 차이를 보이지 않고 있다. 더욱 자세한 내용은 http://www.ethnologue.com/statistics/size Table3(검색일: 2016.06.01) 참조.

49 교육통계서비스 홈페이지(http://kess.kedi.re.kr), 〈2015년도 교육기본통계〉, 다문화 학생 현황 통계(2015년 4월 1일 기준).

50 통계청, 〈2016 청소년 통계〉(온라인간행물), 'I. 인구 및 가족 3. 다문화가정 학생 수'(http://kostat.go.kr/portal/korea/kor_nw/2/6/1/index.board?bmode= read&aSeq=353501, 검색일: 2016.06.01).

51 허덕행·박태수(1990)는 문화대혁명 기간에 교육을 받지 못했거나 기타 이유로 조선 어 교육은 받지 못했으나 상대적으로 중국어를 잘하는, 연구 당시 20~39세 사람들이 사용하는 조선어를 '한어식 조선말'로 부르고 있다. 이 세대를 전후로 하여 이보다 높은 연령층은 조선어 사용에 문제가 없었지만 아래 세대는 조선어를 잘 모르는 것이 일반적이고 아예 모르는 경우도 있었다.

52 2010년 1월을 기준으로, 서울 영등포구, 경기도 안산시, 서울 구로구 순으로 국내 외국인 거주 비율이 높았는데, 그중에서도 영등포구의 외국인은 전체 인구의 10.9%를 차지했다(서지수, 2012).

53 이보다 조금 앞선 2008년에는 서울시 교육청을 시범 교육청으로 하여 '다문화가족 자녀를 위한 이중언어 교수 요원 양성 계획' 수립을 지원했다. 지원 교육 프로그램 내용은 한국어 교육과 문화 및 다문화 사회 제고를 위한 것으로, 한국어가 중심이었다 (정유선 외, 2015).

54 쓰기가 어렵다는 것은 한국어에만 해당되는 것은 아니다. 일례로 재중동포 집단 거주지와 산발 거주지의 이중언어자들에 대한 조사에서도 중국어 가운데 가장 자신 있는 기능으로 각각 듣기(65.5~55%), 말하기(23.7~34%), 읽기(6.8~8%), 쓰기(4%) 순으로 나타나, 중국어 쓰기가 가장 어려운 것으로 드러났다(지동은 외, 2009).

55 영화 〈황해〉(감독: 나홍진)는 옌볜에서 서울로 온 재중동포의 삶을 그린 것으로 2010년 제작되었다. KBS2의 개그 프로그램인 〈개그콘서트〉(감독: 서수민)에서는 이를 패러디한 코너를 제작하여 2013~2014년까지 방영했다.

56 정아람(2015), 〈패배, 그것도 운명 힘들게 바둑 두니 인생이 재미있다〉, 《중앙일보》 2015년 7월 30일 자(http://news.joins.com/article/18349300, 검색일: 2016.03.14).

57 정성진(2015), 〈신동주, 일본어 인터뷰 논란〉, 《조선일보》 2015년 8월 1일 자(http://biz.chosun.com/site/data/html_dir/2015/08/01/2015080100230.html, 검색일: 2016.03.14).

58 이창래 자신이 세 살 때 미국으로 이민을 가서 그곳에 정착했다. 작가 자신의 경험 또는 주변 사람들의 경험이 소설 속에 녹아들어 가 있음을 짐작케 하는 부분이다(이창래, 2015).

제3부

1 유수아동은 원래 중국 내에서 농민공이 대도시나 국외로 대거 이동함에 따라 부모와 떨어져 농촌의 원 호적지에 남아 있는 농민공의 자녀들을 가리키는 표현이었다. 현재 중국에서는 약 1억 5,000만 명의 농촌 노동력이 이직했다. 그중 60%가 자녀를 그대로 집에 남겨 두고 왔는데, 그 숫자는 약 2000만 명에 달한다.

2 수학 120, 외국어, 정치, 물리, 화학, 지리, 역사 각 100, 생물 60이다.

3 나머지 다른 차원으로는 지식 구성(knowledge construction), 평등교육(equity pedagogy), 편견 줄이기(prejudice reduction), 학교 문화와 사회 구조 강화(empowering school culture and social structure)가 있다.

4 피조사자들의 상황 및 전후의 다른 질문 문항을 고려할 때 이때의 타민족은 사실상 한족을 염두에 둔 것으로 볼 수 있다.

5 "한국 사람이기도 하고 외국인 부모님 나라 사람이기도 하다"라는 문항에 대한 답변도 흥미롭다. 어머니가 한족일 때의 비율(13.7%)이 어머니가 재중동포일 때의 비율(9.2%)보다 높다. "어느 나라 사람인지 잘 모르겠다"는 문항에서는 어머니가 재중동포일 때에만 0.8%의 응답률을 보였다. 〈2014 다문화 청소년 패널조사〉(http://www.nypi.rc.kr, 검색일: 2016.08.08) 참조.

6 에스놀로그 홈페이지(http://www.ethnologue.com/statistics, 검색일: 2016.03.14) 표 1 참조.

7 이경미(2015), 〈대법원, 영어 스트레스로 자살한 대기업 부장에 업무상 재해 인정〉, 《한겨레》 2015년 1월 30일 자(http://www.hani.co.kr/arti/society/labor/676073. html, 검색일: 2016.03.14).

8 Michael Winter(2014), "Poll: China, not Iran, now USA's top enemy", *USA today*, February 20, 2014(http://www.usatoday.com/story/news/nation/2014/02/20/ china-iran-enemy-gallup-poll/5651915/, 검색일: 2016.03.14).

9 2014년 기준 구매력 평가 조정 GDP(PPP-adjusted GDP)에 의거했다.

10 S.R. and D.H.(2014), "Catching the eagle", *the Economist*, August 22, 2014(http:// www.economist.com/blogs/graphicdetail/2014/08/chinese-and-american-gdp-forecasts, 검색일: 2016.03.14).

11 2011년 통계로 볼 때 미국 내의 몰입교육 학교 총 600여 개 가운데 중국어가 차지하는 비율은 15%인데, 2006년에는 중국어가 차지하는 비율이 4%에 불과했다 (Christian, 2012). 현재 미국 내 중국어 몰입교육과 관련된 보다 상세한 상황은 변지원(2013) 참조.

12 미국외국어교육평가전문위원회 홈페이지(http://www.actfl.org) 참조.

13 이를 일컬어 '신동북현상(新東北現象)' 또는 '후동북현상(後東北現象)'이라고 부르기도 한다. 중국 정부 홈페이지의 〈증가속도는 떨어지더라도 믿음은 떨어질 수 없어: "신동북현상"을 평함(增速下滑信心不能下滑——三評 "新東北現象")〉(http://www. gov.cn/zhengce/2015-02/17/content_2820411.htm, 검색일: 2016.03.14) 참조.

14 조용성(2015), 〈중국인들은 왜 동북3성을 떠나는가〉, 《아주경제》 2015년 8월 10일 자(http://www.ajunews.com/view/20150807155759690, 검색일: 2016.03.14).

15 구체적인 내용을 보면, "자치주 자치기관은 직무를 집행할 때 조선어와 조선문을 위주로 하고 조선어와 조선문, 한어와 한문을 통용한다"는 것을 골자로 하고 있다(전학석 외, 2000: 177). 이때 조선문, 한문은 각각 조선어 문자언어와 중국어 문자언어를 지칭하는 것이다.

16 투자 지역이 제주도, 강원도 평창, 전남 여수, 인천 영종으로 제한되어 있다. 한국관광공사 홈페이지(http://kto.visitkorea.or.kr) 참조.

17 통계청, 〈국가별/성별/체류자격별 체류 외국인 수(2013)〉 참조. 연수 등의 목적은 모두 제외하고 중국, 대만, 몽골, 홍콩에서 온 순수 유학생 숫자만을 추출해 냈다.

18 심진용(2015), 〈작가 조정래씨 교육 정책 비판 "내 작품 한자 병기 교과서 기재 땐 작품 훼손 당장 빼달라고 할 것"〉《경향신문》 2015년 7월 26일 자(http://news.khan. co.kr/kh_news/khan_art_view.html?artid=201507262129065&code=940401, 검색일: 2016.03.14).

19 BBC(2011), "China overtakes Japan as World's second biggest economy", 14 February 2011(http://www.bbc.com/news/business-12427321, 검색일: 2016. 03.14).

제4부

1 2016년 현재 한국의 초등학교에서는 다문화 특별학급을 설치할 수 있으며, 전학이나 입학 절차 간소화 대상으로 '다문화가족지원법에 따른 다문화 가족의 아동 또는 학생'이라는 조항이 마련되어 있어, 이들을 이중언어 강사가 가르칠 수 있도록 되어 있다. 이들의 임용 기간은 최소 1년에서 최대 4년이다(초중등 교육법 시행령 안 제42조 제1항 및 제4항에 의거).

2 영국 햄프셔의 보헌트(Bohunt) 학교에서 9학년 학생들 50명이 중국에서 온 교사들에게 4주간 수업을 받는 실험이 2015년에 시행되었다. 동일한 실험에 대하여 중국어로 쓴 기사와 영어로 쓴 기사가 얼마나 다른 목소리를 내는지도 동시에 확인해 볼 수 있다. 같은 BBC이지만 중국어 기사는 '영국 매체: 중국 교사 영국으로 가 "교육지원" 문화 충격 일으켜(《英媒: 中国教师赴英 "支教" 引发文化震荡》)'라는 제목으로 중국 교사들의 비판적 평가를 주로 다루었으며, 영어 기사는 '중국식 교육이 영국 아이들에게 통할까?(《Would Chinese-style education work on British kids?》)'라는 제목 하에, 중국에서 온 교사들이 노트 필기, 반복 등을 요구하는 점, 학생들이 다양한 문화에 대하여 알고 싶어 하는 것을 교사에 대한 존경심이 없는 것으로 받아들여 교사와 학생 간에 충돌이 있다는 점 등을 지적했다.
2015년 8월 4일 자, 영문판: http://www.bbc.com/news/magazine-33735517; 중문판: http://www.171english.cn/bbc/zhongwen/2015/wenhua.html, 검색일: 2016.03.14.

3 이 사람의 이야기를 영상으로 확인할 수 있다. "Aussie Wakes Up From Coma Speaking Mandarin"(https://www.youtube.com/watch?v=EIUrtuFS9zk, 검색일: 2016.03.17) 참조.

4 tvN 채널에서 2013년부터 시작한 프로그램(연출: 나영석 외)이다. 원로 연기자들이 해외 여러 나라를 배낭여행 하는데, 배우 이순재는 이 프로그램의 유럽 편에서 거의 반세기 전에 배운 적이 있는 독일어를 구사하는 모습을 보여 주었다.

5 Krashen(1981)의 정의적 필터 가설(Affective Filter Hypothesis) 역시 마찬가지 개념이다. 심리적으로 부담을 느끼고 있으면, 언어 습득에 부정적 요인으로 작용한다.

6 문자의 투명도는 형태와 의미 사이를 측정하는 것으로, 이 측면에서 보면 중국어는 매우 불리한 위치에 있다. 하지만 연구 결과에 따르면, 중국의 초등학교 3학년 정도 연령이라면 글자가 만들어지는 원리를 충분히 이해하여, 어떤 글자가 제대로 된 글자가 아닌지 거의 성인과 비슷한 수준에서 찾아낼 수 있다는 것이다(钟毅平 외, 2002).

7 옌지와 랴오닝의 재중동포를 대상으로 한 조사에서, 개인적인 장소에서 재중동포와 한족이 함께 있을 때, 중국어만 사용하는 비율 33.3~48%, 주로 중국어 사용이 29.9~30%, 주로 조선어 사용이 36.7~22%였다는 연구 결과가 나와 있다(지동은 외, 2009). 헤이룽장의 재중동포들은 실질적으로 조선어만 아는 사람, 조선어는 글자조

차 읽을 줄 모르고 중국어만 할 줄 아는 사람, 상대에 따라 이중언어를 구사할 수 있
는 사람으로 나뉜다고 보았다(허덕행·박태수, 1990).

8 호주 출신의 맥마흔에 관한 기사 내용을 여러 곳에서 검색할 수 있다. Carol
Kuruvilla(2013), "Australian student wakes up from coma speaking fluent Chinese",
NEW YORK DAILY NEWS, July 16, 2013(http://www.nydailynews.com/news/
world/australian-student-wakes-coma-speaking-fluent-chinese-article-1.1400513, 검
색일: 2016.03.14).

9 한국방송통신대학교 정보전산원 제공 자료에 의거했다. 등록기간은 대체로 매해 1월
에서 2월 사이이다.

10 KBS(2016), 〈중국증시 폭락에 세계경제 연초부터 '출렁'〉, 2016년 1월 7일 방영
(http://news.kbs.co.kr/news/view.do?ncd=3211538&ref=A, 검색일: 2016.04.05).
상하이 주가지수는 구글을 이용하여(https://www.google.com/finance?q=SHA%3A
000001&ei=VrcDV8GvBcmW0ASHzrPwCA#) index summary 내의 index-summary-
10years(검색일 2016.04.05) 참조. 2015년 6월에는 당해 최고점인 5,166포인트까지
기록했다.

11 필자가 출석 수업 시간 전후에 총 17곳에서 3년간 진행했다. 지역은 서울, 인천, 대
전, 부산, 청주, 진주, 울산, 제주이다.

12 이 도시 이름 자체를 프랑스식과 독일식으로 다르게 읽는다. 비엔은 이 도시의 프랑
스식 명칭이고, 비엘은 독일식 명칭이다.

13 Henry Samuel(2015), "France must drop 'ineffective' blockade against English lan-
guage", *the Telegraph*, March 12, 2015(http://www.telegraph.co.uk/news/world-
news/europe/france/11467624/France-must-drop-ineffective-blockade-against-
English-language.html, 검색일: 2016.04.05).

14 Discours de Fleur Pellerin, ministre de la Culture et de la Communication, pro-
noncé à l'occasion de la clôture de la journée d'étude marquant le vingtième anni-
versaire de la loi du 4 août 1994 dite loi Toubon, lundi 13 octobre 2014, Prononcé
le 13.10.2014 à 20h00 – Paris (SEUL LE PRONONCE FAIT FOI), (http://www.cul-
turecommunication.gouv.fr/layout/set/print/Presse/Discours/Discours-prononce-a-
l-occasion-de-la-cloture-de-la-journee-d-etude-marquant-le-vingtieme-anniversaire-
de-la-loi-du-4-aout-1994-dite-loi-Toubon, 검색일: 2016.04.05) 참조.

15 여성가족부 정책블로그 이름은 '女행상자'로, 이는 '아름다운 바다속처럼 女자와 남
자 모두가 행복한 세상을 꿈꾸자'를 줄인 표현이다. 여성가족부 블로그(http://blog.
daum.net/moge-family/, 검색일: 2015.08.31) 참조.

16 여기에는 앞에서 열거한 것 이외에도 몇 가지 개인적 요인이 있을 수 있다. 본문 내
용은 APEC의 인력개발부에서 발표한 것과 맥락을 함께하고 있다. http://hrd.apec.

org/index.php/Language_Learning_and_Age 검색일: 2016.03.14.

17 EBS 다큐프라임 〈언어발달의 수수께끼(제1부)〉 2011년 11월 24일 방영분.

18 이화정 외(2015), 〈재난에 가까운 폭염 속에서 여름을 즐기도록 도와줄 서른 가지 것들 (2)〉, 《씨네21》 2015년 8월 18일 자(http://www.cine21.com/news/view/mag_id/80931, 검색일: 2016.03.14).

19 김보경(2015), 〈싸이 '강남스타일' 뮤비, 유튜브 조회 24억뷰 돌파〉, 《연합뉴스》 2015년 8월 25일 자(http://www.yonhapnews.co.kr/bulletin/2015/08/25/0200000000AKR20150825039700005.HTML?input=1195m, 검색일: 2016.03.14). '강남스타일'은 가수 싸이가 2012년 세계적으로 히트시킨 노래로, 이 노래 속에서 그는 '스타일'을 한국어식 3음절로 발음하지 않고 영어식 1음절로 발음한다.

참고문헌 »

- 강주원. 2013. 〈한국어를 공유하는 네 집단의 국민·민족 정체성의 지형－중·국경 도시 단동의 북한사람, 북한화교, 조선족, 한국사람〉.《統一問題硏究》제25권 1호: 397~443.
- 구자억. 2014. 〈중국의 외국 유학생 유치 정책 및 사례 연구〉.《대외경제정책연구원 발간 자료》. 국가정책연구포털. 36~42.
- 국립민속박물관. 1997.《중국 요녕성 한인동포의 생활문화》. 국립민속박물관 학술총서 20.
- 국립민속박물관. 1998.《중국 흑룡강성 한인동포의 생활문화》. 국립민속박물관 학술총서 24.
- 권태환 편저. 2006.《중국 조선족사회의 변화－1990년 이후를 중심으로》. 서울: 서울대학교 출판부
- 김규진. 2012.《한국에서의 어린이 중국어 교육의 현황과 개선 방안 연구》. 고려대학교 박사학위논문.
- 김기창. 2009. 〈조선족소학교『조선어문』교과서를 통해 본 중국 조선어와 한국어의 언어 차이〉.《유관순연구》14호: 99~129.
- 김대호·김광일·이해원·박용천·이동근. 2005. 〈중국 한족과 조선족 초등학생의 신체 폭력 경험(Ⅰ): 민족 간의 유병률 차이〉.《神經精神醫學》大韓神經精神醫學會. Vol. 44 No. 3: 357~363.
- 김대호·김광일·박용천·이광철. 2006. 〈중국 한족과 조선족 초등학생의 신체 폭력 경험(Ⅱ): 위험 요인의 횡문화적 비교〉.《神經精神醫學》大韓神經精神醫學會. Vol. 46 No. 6: 604~612.

- 김두섭·류정균. 2013. 〈연변 조선족인구의 최근 변화: 1990년, 2000년 및 2010년 중국 인구센서스 자료의 분석〉.《중소연구》, 제36권 제4호: 121~150.
- 김명순. 2008. 〈놀이 활동을 통한 중국어교수법: 초등학생 학습자 중심으로〉. 석사학위 논문. 숙명여자대학교.
- 김병운. 2007. 〈중국조선족의 한국어 교육의 현황과 발전방향〉.《이중언어학》. 제33호: 395~422.
- 김소영. 2013. 〈재중 한국인 유치원 교사들의 교직 생활 경험〉.《한국유아교육연구》. 15(1): 81~109.
- 김영하. 2010. 〈다문화사회와 새터민 청소년의 교육 문제〉.《윤리교육연구》. 제21집: 223~248.
- 김영화. 2014. 〈중국조선족 출입국관리정책의 변화와 과제－해외노무의 장기화와 송출지역의 유수아동(留守兒童) 문제에 주목하며〉. 재외한인연구. Vol.33: 29-62.
- 노귀남. 2012. 〈새터민의 이방성 이해-소통을 위한 문화담론을 찾아서〉.《한국여성철학》. 제17권: 61~93.
- 라히리, 줌파. 이승수 역. 2015.《이 작은 책은 언제나 나보다 크다》. 서울: 마음산책.
- 바우어, 바바라 A.. 박찬규 역. 2012,《이중언어 아이들의 도전》. 서울: 구름서재.
- 바틀리, 윌리엄. 이윤 역.《비트겐슈타인 침묵의 시절 1919~1929》. 서울: 필로소픽.
- 박금해. 2012. 〈조선족중소학교에서의 민족정체성교육의 새로운 접근과 대안모색〉.《역사문화연구》. 제41집: 173~200.
- 박성만·배상희. 2013. 〈Korean Immigrant Youth's Individual

Trilingualism within the English-French Bilingual Framework of Canada〉,《이중언어학》제52호: 149~179.

- 박종한·김석영·양세욱. 2012.《중국어의 비밀》. 서울: 궁리.
- 박준형. 2007.〈한국 화교의 생활과 정체성 구술〉.《한국화교의 생활과 정체성》. 서울: 국사편찬위원회.
- 변지원. 2013.〈어린이 중국어 교사를 위한 언어 교육 이론의 원리와 실천〉.《중국어교육과연구》. 제17호: 21~34.
- 비트겐슈타인, 루드비히. 이영철 옮김. 2006.《논리-철학 논고》. 서울: 책세상.
- 서지수. 2012.〈서울 대림동의 조선족 '통로(Portal)'로서 장소성 형성〉.《지리학논총》(서울대학교 국토문제연구소), 제58호: 49~75.
- 손수의. 2007.〈화교학교 미래는 중국어에 있다〉.《한국화교의 생활과 정체성》. 서울: 국사편찬위원회.
- 송지혜. 2015.〈성공으로 가는 길?〉.《시사인》. 405호: 54~56.
- 엄익상·한종호·김순진. 1997.〈서울 일조화교 방언조사보고〉.《중국언어연구》. 한국중국언어학회 5권: 191~212.
- 엄익상·김현정·정미숙. 1997.〈인천영성화교 한어음계분석〉.《중국언어연구》. 한국중국언어학회 5권: 171~189.
- 여병창. 2013.〈화교디아스포라의 한반도 이주와 언어 정체성 고찰—한국 화교의 이중언어 사용양상을 중심으로—〉.《중국문학연구》. 한국중문학회, 52권: 263~293.
- 오성애. 2012.《조선 청도 조선족 언어의 사회언어학적 연구》. 서울: 역락.
- 오스노스, 에번. 고기탁 옮김. 2015.《야망의 시대》. 파주: 열린책들.
- Owens, Robert, E. 이승복 외 옮김. 2005.《언어발달》. 서울: 시그

마프레스.

• 유재연 외. 2012. 〈학령기 다문화가정 아동의 쓰기 능력 연구〉.《언어치료연구》. 제21권 제3호: 101~113.

• 游汝杰 外. 변지원 역. 2008. 『언어로 본 중국사회』. 서울: 차이나하우스.

• 유해숙. 2009. 〈새터민의 무력감 원인과 임파워먼트〉.《동향과 전망》. 77호: 352~288.

• 윤성문. 1992. 〈조한이중언어교육에서 해결해야 할 몇 가지 문제〉.《중국조선어문》. Vol. 61: 30~32.

• 윤혜경 · 박혜원 · 나은영. 2005. 〈조선족 아동과 한족 아동의 음운인식능력과 모국어 읽기에 관한 연구〉.《이중언어학》. 29(-): 225~246.

• 윤혜경 · 박혜원. 2005. 〈중국 조선족 아동의 한글 자소–음소 대응능력의 발달과 글자읽기와의 관계에 관한 연구〉.《兒童學會誌》. 26(4): 145~155.

• 윤혜경 · 박혜원 · 권오식. 2009. 〈중국 조선족 아동과 청소년의 한글, 한글 · 한자혼용, 한자의 문자표기 형태에 따른 문장 이해〉.《인간발달연구》. Vol. 16, No. 1: 105~119.

• 이계란. 2010. 〈인구이동이 연변조선족 아동교육에 미친 영향〉.《디아스포라 연구》. 4(2): 33~49.

• EBS 아기성장보고서 제작팀. 2009.《아기 성장 보고서》. 서울: 예담friend.

• 이은경 · 김화수. 2011. 〈7, 8세 다문화가정 아동의 수용언어능력 –지역 간 차이를 중심으로〉.《특수교육재활과학연구》. Vol. 50, No. 3: 317~331.

· 이은화. 2013. 〈'방과후학교' 중국어 수업에 대한 교육 수요자의 인식 조사〉.《중국언어연구》. Vol. 48: 219~249.

· 이재군·장봉충. 2007. 〈새로운 꿈을 꾸는 젊은 화교들〉.《한국화교의 생활과 정체성》. 서울: 국사편찬위원회.

· 이재분·박균열·김갑성·김선미·김숙이. 2010.《다문화가족 자녀의 결혼이민 부모 출신국 언어 습득을 위한 교육 지원 사례 연구》. 한국여성정책연구원·한국교육개발원 연구보고서.

· 이재영. 2014. 〈한시적 조선족 노동자들의 트랜스 이주와 엔클레이브―대림2동을 중심으로〉. 한국사회학회 2014 후기 사회학대회: 69~70.

· 이창래. 2015. 정영목 옮김.《영원한 이방인》. 서울: 알에이치코리아.

· 이향규. 2007. 〈새터민 청소년의 학교 적응 실태와 과제〉.《인간연구》. 제12호: 7~32.

· 이현정. 2009.《우리의 미래, 다문화에 달려있다》. 서울: 원앤원북스

· 장봉춘·김철준. 2015. 〈중국 조선족 청소년들의 조선어 어휘 사용 실태 ― 작문 표현에 드러난 어휘 사용을 중심으로〉.《한중인문학연구》. 제46집: 353~377.

· 장세윤. 2003. 〈만보산사건 전후 시기 인천 시민과 화교의 동향〉.《인천학연구》. 제2권 제1호: 189~235.

· 장여홍. 2007. 〈한국에서 외국인으로 살 권리〉.《한국화교의 생활과 정체성》. 서울: 국사편찬위원회.

· 장홍권. 2000. 〈조선민족의 모어, 모국어, 표준어 등 문제에 대하여 (2)〉.《중국조선어문》. Vol. 4: 8~12.

· 장홍권. 2012. 〈조선족의 다언어사용과 다문해능력에 대한 소고 고찰과 연구〉.《중국조선어문》. Vol. 177: 5~11.

- 전학석. 1998, 〈연변 방언〉. 《새국어생활》. 국립국어연구원, Vol. 8 No. 4: 153~180.
- 전학석 · 남일석 · 방학철 · 최창범. 2000. 《중국 조선족 언어문자 교육 사용 상황연구》. 연길: 연변대학출판사.
- 정만석 · 김순희. 1994. 〈경제언어학의 견지에서 본 흑룡강성의 조선족언어교육〉, 《중국조선어문》. Vol. 73: 20~23.
- 정유선 · 이다혜. 2015. 〈한국어-중국어 이중언어 교육 현황 및 방안 -국내 중국인 결혼이민자 자녀 대상을 중심으로〉. 《中國語文論譯叢刊》. 第37輯: 375~399.
- 좌동훈. 2013. 《중도입국청소년의 사회문화 적응에 영향을 미치는 요인에 관한 연구》. 박사학위 논문 숭실대학교.
- 지동은 · 서란영 · 신춘미 · 원미화. 2009. 〈조선족 집산거주민의 조한 이중언어에 대한 비교연구〉. 《중국조선어문》. 160: 35~41.
- 최기수. 2010. 《재외한국학교 실태 분석과 발전 방안 연구》. 석사학위 논문 한국교원대학교.
- Pinker, S., 김한영 외 옮김. 2004. 《언어본능》. 서울: 소소
- 허덕행 · 박태수. 1990. 〈흑룡강성 조선족들의 이중언어사용실태〉, 《중국조선어문》. Vol. 46: 36~38.
- 锺毅平 外. 2002. 〈中國香港雙語兒童初步閱讀能力與語音 文字加工關系的研究〉. 《心理科學》. 第25卷, 第2期: 173~176.
- 刘文宇 外. 2009. 〈漢英雙語者語言選擇的ERP研究〉. 《外語研究》. 第4期, 總第116期: 19~23.

- Banks, James A.. 2007. *Educating Citizens in a Multicultural Society*. New York: Teachers College Press.

- Benette, Janet M. et al.. 1999. "Developing intercultural competence in the language classroom". *CARLA WORKING PAPERS*. No.15: 13~46.

- Bialystok, Ellen. 2004. "The Impact of Bilingualism on Language and Literacy Development". *The Handbook of Bilingualism*. Malden: Blackwell Publishing.

- Bloomfield, Leonard. 1979 (copyright in U.S.A. 1933). *Language*. London: George Allen & Unwin.

- Buter, Yuko and Hakuda, Kenji. 2004. "Bilingualism and Second Language Acquisition". *The Handbook of Bilingualism*. Malden: Blackwell Publishing.

- Christian, Conna. 2012. "No program Is an Island: Policy Contexts for Immersion Education". Immersion 2012: Bridging Contexts for a Multilingual World, International conference at Saint Paul, Minnesota, Oct, 18~20.

- Dehaene, Stanislas. 2009. *Reading in the Brain*. New York: Viking.

- Ferguson, Charles. 1959. "Diglossia". *Word*. 15: 325~340.

- Fishman, Joshua. 1967. "Bilingualism with and without diglossia". *Journal of Social Issues*. Vol.23, No.2: 29~38.

- Flege, James Emil et al.. 2006. "Degree of foreign accent in English sentences produced by Korean children and adults". *Journal of Phonetics*. Vol.34 Issue 2: 153~175.

- Genesee, Fred. 2004. "What do we know about Bilingual Education for Majority-Language Students?". *The Handbook of Bilingualism*. Malden: Blackwell Publishing.

- Grosjean, François. 2012. *Bilingual*. Cambridge: Havard University Press.
- Johnson, Jacqueline and Newport Elissa L. 1989. "Critical Period Effects in Second Language Learning: The Influence of Maturational State on the Acquisition of English as a Second Language". *Cognitive Psychology*. 21: 60~99.
- Krashen, S.D. 1981. *Second Language Acquisition and Second Language Learning*. Oxford: Pergamon.
- Labov. 1982. *The Social Stratification of English in New York City*(3rd ed.). Washington D.C.: Center for Applied Linguistics.
- Lambert W.E. and Tucker G.R.. 1972. *Bilingual Education of Children: St.Lambert Experiment.* Rowley, Mass: Newbury House Publishers.
- Pllum, Geoffrey K.. 1991. *The Great Eskimo Vocabulary Hoax and Other Irreverent Essays on the Study of Language*. Chicago: The University of Chicago Press.
- Richards, Jack C. et al.. 2002. *Methodology in Language Teaching*. Cambridge: Cambridge University Press.
- Saer, D.J.. 1923. "The Effect of Bilingualism on Intelligence". *British Journal of Psychology*. Vol.14, No.1; Periodicals Archive Online p.25.
- Shapiro, Jeremy J. and Hughes, Shelley K. 1996. "Information Literacy as a Liberal Art". *Educom Review*. Vol.31, No.2: 31~35.
- The New London Group. 1996. "A Pedagogy of Multiliteracies: Designing Social Futures". *Harvard Educational Review*. Vol.66,

No. 1: 60~92.

- Yip, Virginia and Matthews, Stephen. 2007. *The Bilingual Child: Early Development and Language Contact*. Cambridge: Cambridge University Press.